系列教材

电子商务数据分析

慕课版

白慧 胡林 杨生全

主编

崔迎新 李国峰
于国强

副主编

人民邮电出版社

北京

图书在版编目（CIP）数据

电子商务数据分析：慕课版 / 白慧，胡林，杨生全
主编. — 北京：人民邮电出版社，2024.7
中等职业教育改革创新系列教材
ISBN 978-7-115-63959-2

Ⅰ. ①电… Ⅱ. ①白… ②胡… ③杨… Ⅲ. ①电子商
务—数据处理—中等专业学校—教材 Ⅳ. ①F713.36
②TP274

中国国家版本馆CIP数据核字（2024）第054077号

内 容 提 要

　　本书以国务院印发的《国家职业教育改革实施方案》为依据，针对中等职业学校学生的培养目标，系统地介绍了电子商务数据分析的相关知识，具体内容包括初识电子商务数据分析、采集与处理电子商务数据、分析市场数据、分析客户数据、分析商品数据、分析运营数据、监控数据与编制数据报表等内容。本书知识全面、结构清晰、实用性强，在讲解知识的同时结合实际操作，符合中等职业学校学生的学习习惯，可充分满足其学习需求。

　　本书可以作为中等职业学校电子商务、网络营销、直播电商服务、市场营销等专业数据分析相关课程的教材，也可以作为电子商务数据分析领域人员的参考书。

◆　主　　编　白　慧　胡　林　杨生全
　　副 主 编　崔迎新　李国峰　于国强
　　责任编辑　白　雨
　　责任印制　王　郁　彭志环
◆　人民邮电出版社出版发行　　北京市丰台区成寿寺路 11 号
　　邮编　100164　电子邮件　315@ptpress.com.cn
　　网址　https://www.ptpress.com.cn
　　三河市兴达印务有限公司印刷
◆　开本：787×1092　1/16
　　印张：13　　　　　　　　　　　2024 年 7 月第 1 版
　　字数：276 千字　　　　　　　　2025 年 5 月河北第 2 次印刷

定价：46.00 元

读者服务热线：(010)81055256　印装质量热线：(010)81055316
反盗版热线：(010)81055315

前 言

职业教育是国民教育体系和人力资源开发的重要组成部分，肩负着培养多样化人才、传承技术技能、促进就业创业的重要职责。随着我国市场经济的迅速发展，国家对技能型人才的需求量越来越大，同时也推动着中等职业教育的发展与改革。

党的二十大报告提出："教育、科技、人才是全面建设社会主义现代化国家的基础性、战略性支撑。"为培养中等职业教育电子商务数据分析专业人才，我们以电子商务平台的店铺运营为切入点，特地编写了本书。本书采用项目任务式结构，从电子商务数据分析基础、电子商务数据具体分析、电子商务数据监控与报表编制3个维度，介绍了电子商务数据分析的相关知识与技能。

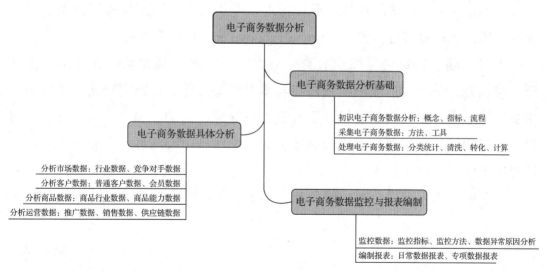

本书具有以下特点。

1. 情境导入

本书以公司新成立数据分析部门的各种职场情境引出各项目的教学主题，并将情境贯穿项目实施的过程中，旨在让学生了解相关知识点在实际工作中的应用。本书设置的情境角色如下。

公司：北京峰御服饰有限公司，成立于2021年，是一家经营男装的公司，公司始终以男装套装为核心销售品类，同时也致力于拓展男装市场。根据业务的不同，公司划分出市场部、企划部、营销部、运营部等部门，并新成立数据分析部门。

人物：小艾，数据分析部门员工；李洪亮，数据分析部门经理，人称"老李"，小艾的直属上司及职场引路人。

2. 板块丰富

本书在板块设计上注重培养学生的思考能力和动手能力，努力做到"学思用贯通"与"知信行统一"相融合，文中穿插的板块如下。

- **知识窗**：补充理论知识，丰富知识体系。
- **动手做**：设计实战小练习，强调学以致用。
- **同步实训**：设计综合实战训练，强化学生动手操作能力。
- **素养小课堂**：与素养目标相呼应，提升学生个人素养。

3. 资源丰富

本书提供PPT、微课视频、课程标准、电子教案、题库等教学资源，用书老师可通过人邮教育社区网站（www.ryjiaoyu.com）免费下载。

本书由陕西省定边县职业教育中心白慧、胡林、杨生全担任主编，崔迎新、李国峰、于国强担任副主编，参与本书编写工作的还有高巧云、康志宁、朱贵、陈媛媛、张伦、赵芝帆、王晓波、田静静、高瑜、强小丹、仵亚妮。同时，北京博导前程信息技术股份有限公司教学服务中心马静负责全书的统稿、校对等工作。

由于编者水平有限，书中难免存在不足之处，敬请广大读者批评、指正。

编　者
2024年7月

CONTENTS

目 录

项目一

初识电子商务
数据分析

职场情境

　　小艾在一家销售男装套装的公司任职，公司的销售渠道以网络销售为主，并在淘宝和京东这两个电商平台开设有专营店。在大数据背景下，为了提高公司销售业绩，公司管理层决定成立数据分析部门，希望通过数据分析网店运营情况，提高运营效率。

　　老李被任命为数据分析部门的经理，他非常看重小艾诚实守信、兢兢业业的工作态度，因此向公司管理层推荐小艾，并将她调配到数据分析部门。为了让小艾更好地完成数据分析的工作，老李决定为小艾开展一次电子商务数据分析的基础培训。

学习目标

知识目标

1. 全面了解电子商务数据分析的基础知识。
2. 熟悉电子商务数据分析常用的各类指标。
3. 了解电子商务数据分析的基本流程。

技能目标

1. 能够分辨不同类型的电子商务数据。
2. 能够理解不同电子商务数据指标的含义。
3. 能够执行简单的电子商务数据分析操作。

素养目标

1. 培养数据分析与应用的思维。
2. 以真实、客观、准确的态度对待数据分析工作。

任务一 走进电子商务数据分析

任务描述

小艾十分认可数据分析的重要性，但她并没有系统地接受过相关方面的学习或培训，对数据、商务数据、数据分析、数据类型等都不了解。为此，老李打算让小艾先了解电子商务数据的相关概念，然后教小艾认识各种类型的电子商务数据，最后给小艾讲解电子商务数据分析的作用和应用情况，以便让小艾系统地认识电子商务数据，提高她对电子商务数据分析的重视程度。

任务实施

活动一　认识电子商务数据相关概念

老李认为，要想更好地认识电子商务数据分析，首先需要了解数据、商务数据、电子商务数据、数据分析、电子商务数据分析这些概念，并要求小艾能够正确区分。

（1）数据。数据是指描述事件或事物的属性、过程及其关系的符号，它可以是数字、文字，也可以是图形、图像、音频、视频，如图1-1所示。

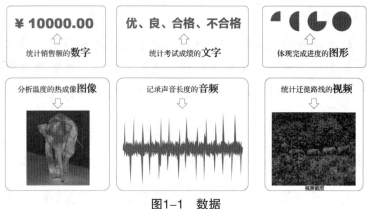

图1-1 数据

（2）商务数据。商务数据可以简单理解为在一切与买卖商品或服务相关的商业事务中产生的历史信息和即时信息的集合，如店铺去年每月的销售数据（历史信息）、店铺今日接待的客户数量（即时信息）等。

（3）电子商务数据。电子商务是指在互联网及其他数字化网络环境下，通过电子方式进行各类商业事务的过程。电子商务数据便是在这一过程中产生的信息集合。

（4）数据分析。数据分析是指对采集到的数据进行处理、统计，并提取出有用信息的过程，其目的在于通过数据分析发现数据背后有价值的信息，为各种决策提供支持。例如，处理并统计某地区一年当中每一天的平均气温，分析该地区一年当中每天平均气温的变化规律，为农业生产提供指导性建议。

（5）电子商务数据分析。电子商务数据分析是通过对与电子商务活动相关的数据进行采集、处理、统计后，提取出有价值的信息，为企业的电子商务活动提供决策支持。例如，采集某行业一年当中每个月的销售额，分析该行业在一年中的销售规律（见图1-2），为店铺提供相应的运营策略。

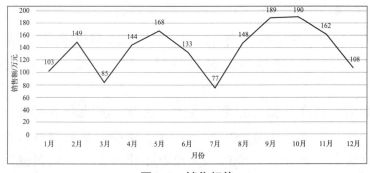

图1-2 销售规律

👤 活动二　辨别电子商务数据的类型

企业在开展电子商务活动过程中会涉及各种类型的数据，为了方便采集、处理和分析数据，老李将这些数据分为市场数据、运营数据和商品数据 3 类，这也有利于小艾更好地辨别不同类型的电子商务数据。

1. 市场数据

市场数据是指与市场相关的各种数据指标和信息，这些数据可以帮助电子商务企业了解市场趋势、竞争状况、消费者行为等。市场数据具体又分为行业数据和竞争数据，行业数据可以显示行业的现状、发展变化和消费者的购物行为，竞争数据可以显示行业中的竞争对手情况。市场数据如图 1-3 所示。

行业数据　◉
行业销售额、行业增长率、行业需求量、子行业销售额、消费者青睐的品牌、购物行为等

◉ 竞争数据
竞争对手的销售额、访客数、商品数，以及竞争对手的数量等

市场数据

图1-3　市场数据

2. 运营数据

运营数据可以全面反映店铺的运营情况，以帮助企业了解和改善店铺的运营效果。运营数据主要分为客户数据、推广数据、销售数据和供应链数据。

- **客户数据**。客户数据是指客户在购物过程中产生的各种数据，包括个人信息、购买行为、偏好和购物反馈等。这些数据可以帮助企业更好地了解客户需求、细分客户价值、实现个性化推荐等，以便提高客户满意度和店铺销量。

- **推广数据**。推广数据是指电子商务企业在开展推广活动中产生的各种数据，包括点击量、转化率、推广渠道表现等。这些数据可以帮助企业评估和优化推广策略，提高店铺的营销效果和投资回报率。
- **销售数据**。销售数据是指电子商务企业在销售过程中产生的各种数据，包括销售额、销量、退货率等。这些数据可以帮助企业评估销售绩效、了解商品的市场表现、优化销售策略。
- **供应链数据**。供应链数据在这里主要是指商品在采购、运输、仓储等环节中产生的各种数据，包括采购数量、库存天数、物流时效等。这些数据可以帮助企业优化供应链、降低成本和拓展业务。

3. 商品数据

商品数据是电子商务企业决策和运营管理的重要基础，它在市场定位、销售决策、供应链优化、商品质量提升和战略规划等方面具有至关重要的作用。根据商品所处背景的不同，商品数据可以划分为行业商品数据和企业商品数据，前者可以反映商品在整个行业的表现，后者可以反映商品在企业中的具体表现。商品数据如图1-4所示。

行业商品数据
行业商品搜索指数、行业商品交易指数等

企业商品数据
新客点击量、重复购买率等反映商品获客能力的数据，以及客单价、毛利率等反映商品盈利能力的数据

图1-4 商品数据

活动三 明确电子商务数据分析的作用

小艾认为电子商务数据分析可以帮助企业制订运营策略、提高运营效率、降低运营成本、提升竞争力等，其作用非常大。老李告诉小艾，无论要达到哪种目的，都需要通过数据分析来检查运营状况是否正常，判断运营指标是否达标，找出问题出现的原因，有时还需要通过数据预测未来的运营情况等。从这个角度来看，电子商务数据分析的作用可归纳为以下两个方面。

- **数据诊断**。分析电子商务数据有助于快速找出运营中的问题。例如，企业通过分析商品名称的搜索量来判断是否需要优化商品名称中的关键词，通过分析店铺各页面的访客数（见图1-5）来判断哪些页面需要优化等。

图1-5　各页面的访客数

- **数据预测**。企业可以基于大量的过往数据和市场环境对未来进行预测，从而制订更为合理的运营策略。例如，企业通过分析电子商务网站中某商品的关键词搜索量来预测一定时期内该商品的销量，从而使商品的库存更加合理。

活动四　体验电子商务数据分析的应用

虽说电子商务数据分析在电子商务活动中有着广泛的应用，但小艾却始终不能很好地理解和体会，老李为此总结了几个典型的应用案例，如图1-6所示。

图1-6　电子商务数据分析的应用

- **客户个性化推荐**。通过分析客户的历史购买记录、浏览行为等数据，企业可以了解客户的偏好和行为习惯，从而为其提供个性化的商品推荐服务，这有助于提高客户的购买转化率和满意度。
- **购物车分析**。通过分析客户的购物车数据，企业可以了解客户的潜在需求、商品购物组合等，从而实施交叉销售、捆绑销售等推广策略，这有助于提高订单价值和利润。

- **对比测试**。通过分析不同版本的店铺页面、广告文案、商品标题等数据，企业可以评估不同设计或内容对客户行为和转化率的影响，这有助于优化客户体验、提高页面转化率、提高广告投资回报率、强化商品引流效果。

- **社交媒体营销分析**。通过分析社交媒体平台（如微信、微博等）上客户的评论、分享等数据，企业可以了解客户的关注话题、活跃度、对品牌的评价等，这有助于优化商品布局、提高品牌曝光度和客户参与度。

- **价格优化**。通过分析市场价格、竞争对手价格、销售额等数据，企业可以制订更有竞争力和盈利能力的价格策略。

- **客户流失预测**。通过分析客户活跃度、购买频率、流失原因等数据，企业可以识别潜在的流失客户，并采取相应的挽留措施，这有助于降低客户流失率、提高客户忠诚度。

- **市场竞争分析**。通过分析竞争对手的价格、销售数据、广告投放策略等数据，企业可以了解竞争对手的市场份额、商品优势、营销策略等，这有助于制订更有针对性的竞争策略，保持市场竞争力。

任务二　认识电子商务数据分析指标

任务描述

　　培训时小艾听到老李多次提到"浏览量""转化率""客单价"等词语，培训结束后便询问老李它们到底是什么，在分析数据时会用上吗。老李告诉她这些都是用来观测或量化某个具体对象的指标，比如，浏览量可以量化客户浏览店铺或商品的次数，转化率可以量化某个行为的发生频率，客单价则可以量化客户的购买力和消费水平。小艾似懂非懂，老李便开始向她分门别类地讲解电子商务数据分析时可能涉及的各种指标。

任务实施

👤 活动一　解读市场类指标

　　市场类指标用于衡量和评估市场状况、市场活动和市场表现，这些指标提供了市场规模、市场份额、市场增长率等市场因素的信息，也展示了竞争对手的市场表现，有助于企业了解市场趋势、竞争态势和把握潜在机会，从而制订相应的市场策略和决策。图1-7所示为老李从淘宝的生意参谋中采集到的近

7天牛仔裤行业的各项指标，如搜索人气、搜索热度、访问人气、浏览热度、收藏人气、收藏热度、加购（加入购物车）人气、加购热度、客群（成交客户数）指数、交易指数等。小艾可以利用这些指标了解牛仔裤行业近7天的市场表现。

行业趋势 ⓘ				对比行业｜对比本店｜对比同周期
搜索人气 ⓘ **265,750** 较前7日 4.22% ↓	搜索热度 ⓘ **1,171,207** 较前7日 6.53% ↓	访问人气 ⓘ **623,261** 较前7日 4.62% ↓	浏览热度 ⓘ **2,025,347** 较前7日 7.49% ↓	收藏人气 ⓘ **123,480** 较前7日 0.44% ↓
收藏热度 ⓘ **111,637** 较前7日 0.59% ↑	加购人气 ⓘ **151,225** 较前7日 19.68% ↓	加购热度 ⓘ **253,491** 较前7日 22.73% ↓	客群指数 ⓘ **129,828** 较前7日 24.52% ↓	交易指数 ⓘ **2,632,835** 较前7日 49.13% ↓

当前行业 牛仔裤 VS 请选择类目 ∨

图1-7　生意参谋中的市场类指标

常用的市场类指标如表1-1所示。

表 1-1　常用的市场类指标

名称	含义
行业规模	某行业在统计周期内的总销售额或总需求量
行业销售量	在统计周期内行业商品的总成交数量
企业市场份额	企业在行业中的销售额或销售数量占比
市场增长率	行业本期的销售额或销售量的增加数与上期行业的销售额或销售量的比值，计算公式为： 市场增长率 =［本期市场销售额（量）－上期市场销售额（量）］/上期市场销售额（量）×100%
竞争对手销售额	竞争对手在统计周期内所销售商品数量对应的总销售金额
竞争对手客单价	竞争对手每位客户单次交易的金额，计算公式为： 竞争对手客单价 = 竞争对手成交金额 / 竞争对手成交客户数

活动二　解读运营类指标

运营类指标主要分为客户指标、推广指标、销售指标和供应链指标。为便于小艾理解，老李选择了一些常见的运营类指标向她介绍。

1. 客户指标

客户指标用于描述客户的黏度和忠诚度，常用的客户指标如表1-2所示。

表1-2 常用的客户指标

名称	含义
注册客户数	在电子商务平台上注册的客户总数
活跃客户数	在统计周期内有登录行为或交易行为的客户总数
活跃客户比率	活跃客户数与注册客户数的比率
重复购买率	在统计周期内产生两次及两次以上购买行为的客户数占购买客户总数的比率
平均购买次数	在统计周期内每位客户平均购买的次数
客户回购率	上一期活跃客户在下一期内有购买行为的数量与注册客户数的比率
客户流失率	在统计周期内没有交易行为的客户数与注册客户数的比率
客户留存率	在统计周期内登录或消费过的客户数与注册客户数的比率
消费频率	在统计周期内客户消费的次数
收藏人数	在统计周期内通过对应渠道进入店铺访问的客户中，后续有商品收藏行为的客户去重数
加购人数	在统计周期内将商品加入购物车的客户去重数

 知识窗

　　去重数指的是去掉同一位客户重复收藏或加购的次数。例如，假设在某个时间段内，共有100位客户收藏了商品，但其中有10位客户重复进行了多次收藏，那么经过去重操作后，实际参与商品收藏行为的客户去重数为90。

 **知识窗**

2. 推广指标

推广指标与店铺的引流效果息息相关，能够有效反映企业的推广效果、推广成本、活动黏性等。常用的推广指标如表1-3所示。

表1-3　常用的推广指标

名称	含义
浏览量	简称PV（Page View），指店铺或商品详情页被访问的次数，一位客户在统计时间内访问多次记为多次
访客数	简称UV（Unique Visitor），指店铺或商品详情页被访问的去重人数，一位客户在统计时间内访问多次只记为一次
平均访问量	又称平均访问深度，指在统计周期内，客户每次访问页面的平均值，即平均每位客户访问了多少页面
停留时间	客户在同一访问周期内访问店铺的时长。实际应用中通常取平均停留时间，即平均每位客户访问店铺的时长
跳失率	在统计周期内，客户进入店铺后只浏览了一个页面就离开的人数占访客数的比例
展现量	在统计周期内通过搜索关键词展现店铺或商品的次数
点击量	在统计周期内某个或某些关键词广告被点击的次数
点击率	点击量与展现量的比值
收藏转化率	在统计周期内，将店铺或商品添加收藏或关注到个人账户的客户数占访客数的比率
下单转化率	在统计周期内，确认订单的客户数占该商品所有访客数的比率
成交转化率	在统计周期内，完成付款的客户数占该商品所有访客数的比率
渠道转化率	从某渠道访问店铺并成交的客户数与从该渠道访问店铺的访客数的比率

3. 销售指标

销售指标是衡量和评估销售绩效的标准，企业可以据此了解店铺的销售表现。常用的销售指标如表1-4所示。

表1-4　常用的销售指标

名称	含义
销售量	简称销量，指在统计周期内实际销售出去的商品数量
销售额	在统计周期内店铺的实际销售数额，其计算公式为： 销售额＝访客数×成交转化率×客单价

（续表）

名称	含义
客单价	在统计周期内每位客户平均购买商品的金额，其计算公式为： 客单价＝销售额／成交客户总数
销售毛利	销售额扣除销售成本后的利润
销售毛利率	销售毛利与销售额的比率
销售利润	销售额扣除所有成本费用后的利润
销售利润率	销售利润与销售额的比率
投资回报率	销售利润与投资总额的比率
投入产出比	简称 ROI（Return On Investment），指销售额与总投入的比率
订单数量	在统计周期内客户在网店购买商品或服务的订单总量
订单金额	在统计周期内客户在网店发起购买订单后需要支付的总金额
有效订单	在统计周期内客户在网店达成实际交易的订单数量
无效订单	在统计周期内客户提交订单后，某种原因导致订单中断，未形成最终交易的订单数量
订单转化率	在统计周期内有效订单数量与访客数的比率
客服平均响应时长	客服在回复客户的过程中，从客户咨询到客服每次回应时间差的均值
咨询转化率	通过该客服咨询后最终下单的访客数与向该客服咨询的总访客数的比率
付款转化率	通过该客服咨询后最终付款的访客数与通过该客服咨询后下单的访客数的比率
成交客户数量	在统计周期内成功下单并完成支付的客户数量
退货数量	商品或服务在售出后，由于某种原因被退回的数量
退货金额	与退货数量对应的总金额

（续表）

名称	含义
退货客户数量	在统计周期内发生退货行为的客户数量
订单退货率	退货数量与同期商品成交数量的比率
动销率	在统计周期内销售的商品数量与店铺总的商品数量的比率
滞销率	在统计周期内未销售的商品数量与店铺总的商品数量的比率

4. 供应链指标

供应链指标是用来度量和评估供应链管理绩效的标准，可以帮助企业了解和监控供应链的运作情况，涉及采购环节、物流环节、库存环节等，以便企业及时发现供应链存在的问题。常用的供应链指标如表 1-5 所示。

表 1-5　常用的供应链指标

名称	含义
采购金额	企业在统计时期内采购商品的金额
采购数量	企业在统计时期内采购商品的数量
库存金额	企业在统计时期内仓库中保管的商品金额
库存量	在统计时期内，存放在仓库中暂时没有被出售的商品数量
库存天数	商品在仓库中存放的天数
库存周转率	在统计时期内库存商品周转的次数，其计算公式为： 库存周转率＝销售数量÷［（期初库存数量＋期末库存数量）÷2］
售罄率	在统计时期内某类商品的销售量占其库存量或采购量的比率
平均配送成本	在统计时期内花费在每个订单上的平均配送成本，其计算公式为： 平均配送成本＝单位时间内配送货物总成本÷单位时间内配送货物总数量
平均送货时间	在统计时期内平均每次送货的时长，其计算公式为： 平均送货时间＝单位时间内总送货时间÷单位时间内总送货次数
订单响应时长	客户下单到生成、确认、处理订单所花费的时间

活动三　解读商品类指标

商品类指标可以衡量商品在库存、引流、销售等方面的表现，以帮助企业更好地进行商品布局、推广和销售等运营管理工作。老李仅挑选了常用的商品类指标为小艾介绍，如表1-6所示。

表1-6　常用的商品类指标

名称	含义
库存单位	简称SKU（Stock Keeping Unit），它是用于唯一标识和管理商品的一种编码系统。每个SKU都是唯一的，相同商品不同规格、型号也需要用不同的SKU标识
标准商品单元	简称SPU（Standard Product Unit），与SKU相对应，同一商品的不同规格、型号等归属于同一个SPU，目的是将具有相同属性的商品归类管理
商品数	在统计时间内，每项分类对应的在线商品去重数
商品访客数	在统计时间内，商品详情页被访问的去重人数
商品浏览量	在统计时间内，商品详情页被访问的次数
加购次数	在统计时间内，客户将商品加入购物车的次数
收藏次数	在统计时间内，商品被客户收藏的次数
客单件	在统计时间内，平均每位客户一次购买的商品件数，其计算公式为： 客单件＝交易总件数÷交易笔数

任务三　初探电子商务数据分析的流程

任务描述

小艾对电子商务数据分析的流程不太清楚，她不知道数据从哪里来，拿到数据后应该怎么分析，分析的结果又该如何处理。这使得老李觉得有必要为小艾梳理一遍电子商务数据分析的基本流程，然后让小艾尝试完成一个简单的电子商务数据分析任务，体验分析过程。

任务实施

活动一　了解电子商务数据分析的一般流程

电子商务数据分析的基本流程一般会涉及六大环节，如图1-8所示。老李准备向小艾详细介绍各大环节的基本工作内容。

图1-8　电子商务数据分析的基本流程

（1）明确需求。分析数据之前，首先要明确数据分析的最终需求是什么，进而确定目标，这样才能根据目标选择需要的数据，并确保数据分析工作不会偏离目标方向。

（2）采集数据。明确需求后，就可以根据目标需求采集相关的数据。在这个环节，数据分析人员需要更多地注意数据来源，一方面能确保数据的权威性、专业性和准确性，另一方面也能更好地追本溯源，这能在很大程度上避免因采集错误而引起数据分析结果没有价值的情况。

（3）处理数据。处理数据针对的是执行采集操作后得到的数据不满足分析要求的情况。因为许多情况下采集到的数据是散乱的、有漏缺的，甚至还可能存在一些错误的数据，此时就需要通过清洗、加工等处理方式，将这些数据整理成符合数据分析环节所需要的内容。

（4）分析数据。分析数据环节是整个任务的核心环节之一，数据分析人员需要利用合适的方法和工具，分析处理后的数据，提取有价值的信息，并形成有效的结论。

（5）展现数据。展现数据是指将数据以图表、图形等可视化方式显示出来（见图1-9），让分析结果能够更加清晰且直观地呈现在使用者面前。在这一环节，数据分析人员需要重点考虑所选的可视化工具是否能够真实有效地反映数据的特性和分析结果，同时也需要保证图表的专业性和美观性，以提高数据展现效果。

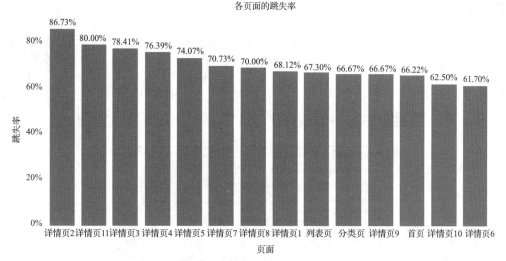

图1-9　以可视化方式展现数据

（6）编制报表。编制数据分析报表是对整个数据分析过程的总结。完成前面各个环节的工作后，数据分析人员就可以将数据分析的思路、过程、结果和结论等内容通过报表完整地表达出来，供报表使用者使用。

活动二　完成简单的电子商务数据分析

针对某个特定问题的电子商务数据分析较为简单，老李希望小艾能够通过这次分析操作进一步熟悉并巩固电子商务数据分析的流程。下面按照基本流程，借助 Excel 分析工具完成本次分析活动。具体操作如下。

第一步　明确需求

本次分析活动的主要需求是了解当日进行了购物操作的客户的地域分布，查看哪些省份的客户较多，以便做好客户维护工作。

第二步　采集数据

根据需求，可以将店铺当日有购买行为的客户数据手动录入或导入 Excel 的工作表中，主要涉及客户姓名、购物金额和所在地等维度的数据指标（采集购物金额的原因是避免录入未发生购物行为的客户数据）。这里已经将采集好的数据整理到"客户数据 .xlsx"文件中，可直接查看或使用。

第三步　处理数据

采集数据中"所在地"数据包含省份和城市信息。由于需要了解客户所在的省份，因此这里需要利用 Excel 的分列功能将"所在地"分为"省份"和"城市"两列，以方便对省份数据进行分析。具体操作如下。

步骤 01 打开"客户数据.xlsx"素材文件（配套资源:\素材\项目一\客户数据.xlsx），单击D列列标，选中该列，在【数据】/【数据工具】组中单击"分列"按钮。

步骤 02 打开"文本分列向导"对话框，选中"固定宽度"单选项，单击 下一步(N)> 按钮，如图1-10所示。

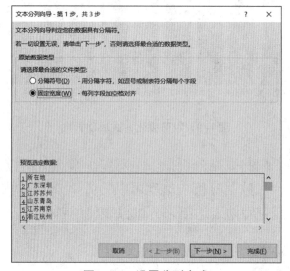

图1-10 设置分列方式

步骤 03 在"文本分列向导"对话框下方"数据预览"栏的标尺上找到合适的分列位置，插入分列线，单击 下一步(N)> 按钮，如图1-11所示。

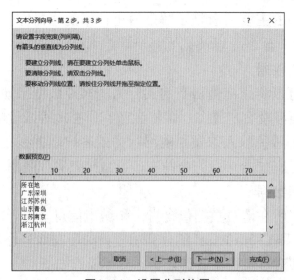

图1-11 设置分列位置

步骤 04 继续在"文本分列向导"对话框中设置分列后各列数据的格式，这里保持默认状态，单击 完成(F) 按钮，如图1-12所示。

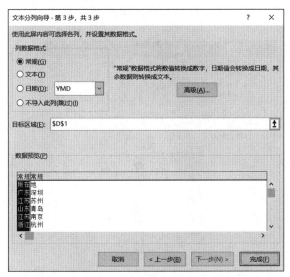

图1-12 完成分列设置

步骤 05 选择D1单元格，输入"省份"后按【Enter】键。

步骤 06 选择D1单元格，按【Ctrl+C】组合键复制，选择E1单元格，按【Ctrl+V】组合键粘贴，并将"省份"修改为"城市"，如图1-13所示。

序号	客户姓名	购物金额/元	省份	城市
1	李妍	218.0	广东	深圳
2	徐允和	221.0	江苏	苏州
3	安月	254.0	山东	青岛
4	倪霞瑗	669.0	江苏	南京
5	蔡可	648.0	浙江	杭州
6	姜梦瑶	183.0	四川	成都
7	汪娟昭	432.0	山东	济南
8	钱飘茹	230.0	广东	深圳
9	路嘉	612.0	湖北	武汉
10	俞瑛策	263.0	浙江	杭州
11	章茜	188.0	四川	成都
12	邹德	861.0	山东	青岛
13	禹寒纯	771.0	湖北	武汉
14	常悦斌	720.0	河南	郑州
15	马萱聪	378.0	江苏	苏州
16	汤香茗	795.0	广东	深圳
17	平聪竹	568.0	山东	济南
18	贝克	566.0	浙江	杭州

图1-13 修改文本

第四步 分析数据

得到每位客户的省份数据后，接下来便利用 Excel 的排序与分类汇总功能，统计出各省份的客户数量。具体操作如下。

步骤 01 选择D2单元格，在【数据】/【排序和筛选】组中单击"升序"按钮 ⬇，将客户数据按省份重新排列，如图1-14所示。

图1-14 排列数据

步骤 02 在【数据】/【分级显示】组中单击"分类汇总"按钮 ⬜。

步骤 03 打开"分类汇总"对话框，在"分类字段"下拉列表中选择"省份"选项，在"汇总方式"下拉列表中选择"计数"选项，在"选定汇总项"列表框中选中"客户姓名"复选框，单击 确定 按钮，如图1-15所示。

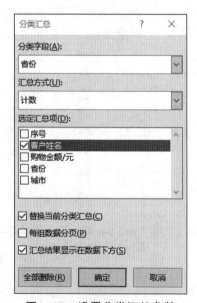

图1-15 设置分类汇总参数

步骤 04 单击界面左侧的"2级"按钮 ②，仅显示汇总后的2级数据。

步骤 05 按住【Ctrl】键不放，依次单击D7、D9、D12、D18、D24、D29、D35单元格，按【Ctrl+C】组合键复制，然后选择B38单元格，按【Ctrl+V】组合键粘贴。

步骤 06 按相同方法将B7、B9、B12、B18、B24、B29、B35单元格中的数据复制到C38:C44单元格区域，如图1-16所示。此时便可以通过数据分析当日有购物行为客户的地域分布情况，可见广东、江苏、山东和浙江的客户数量较多，河南和湖北的客户数量较少。

图1-16 统计数据

🛍 动手做

统计不同省份的平均购物金额

1. 按照前述步骤中介绍的方法，对省份进行排序操作，可根据需要选择升序或降序排列。

2. 然后利用"分类汇总"功能统计不同省份客户的平均购物金额数据，以便分析不同省份客户的消费能力。其中，分类字段为"省份"，"汇总方式"为"平均值"，"选定汇总项"为"购物金额/元"。

第五步 展现数据

为了更加直观地对比不同省份的客户数量，下面将利用查找和替换功能一次性删除"计数"这个多余的文本内容，然后使用柱形图将数据以可视化的方式展现出来。具体操作如下。

步骤 01 选择任意空白单元格，按【Ctrl+H】组合键，打开"查找和替换"对话框，在"查找内容"下拉列表中输入"计数"，单击 全部替换(A) 按钮，表示将"计数"替换为空。然后依次单击 确定 按钮和 关闭 按钮完成查找与替换操作，如图1-17所示。

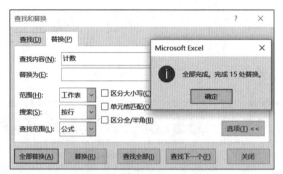

图1-17 查找并替换数据

步骤 02 选择B38:C44单元格区域，在【插入】/【图表】组中单击"插入柱形图或条形图"下拉按钮 ，在弹出的下拉列表中选择"二维柱形图"中的"簇状柱形图"，如图1-18所示。

图1-18 选择图表类型

步骤 03 在【图表工具 图表设计】/【图表布局】组中单击"快速布局"下拉按钮 ，在弹出的下拉列表中选择"布局7"选项，选择图表右侧的"系列1"图例对象，按【Delete】键将其删除，删除后的图表效果如图1-19所示。

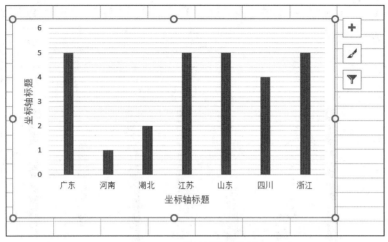

图1-19 调整图表布局

步骤 **04** 选择横坐标轴标题，在其中的任意文本处单击，按【Ctrl+A】组合键全选标题，将其修改为"省份"。

步骤 **05** 按相同方法将纵坐标轴标题修改为"客户数量/位"。

步骤04和步骤05的操作结果如图1-20所示。

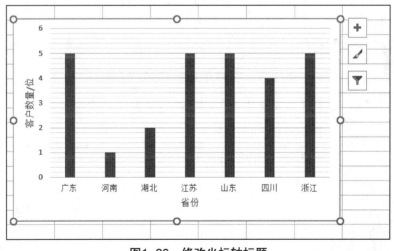

图1-20 修改坐标轴标题

步骤 **06** 在【开始】/【字体】组的"字体"下拉列表中选择"方正兰亭纤黑简体"选项，在"字号"下拉列表中选择"11"选项，并调整图表的字体显示效果。

步骤 **07** 拖曳图表右下角的控制点，适当调整图表尺寸，效果如图1-21所示

（配套资源:\效果\项目一\客户数据.xlsx）。通过该柱形图就可以直观地看到客户的地域分布情况。

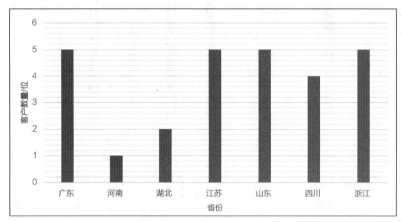

图1-21　调整图表尺寸

第六步 编制报表

完成数据分析后，便可根据需要将数据分析工作的相关内容编制成报表，通过表格的形式将分析内容和结果提供给相关者使用。数据分析报表的内容应视分析工作的难易程度和分析对象的全面程度灵活调整，最终目的是交代清楚整个数据分析的情况。

由于这里的数据分析工作较为简单，因此报表的内容较少，如表1-7所示。

表 1-7　客户地域分布数据分析

分析目的	了解当日发生购物行为的客户的地域分布情况						
数据来源	店铺内部数据记录						
分析日期	2023 年 12 月 2 日星期六						
省份	广东	河南	湖北	江苏	山东	四川	浙江
客户数量 / 位	5	1	2	5	5	4	5
分析结果	当日发生购物行为的客户，以广东、江苏、山东和浙江省最多，各为5位，四川省的客户有4位，湖北省有2位，河南省有1位，客户涉及华东、华中、华南和西南等省份，华中地区客户较少，无华北、东北、西北地区的客户，需进一步结合公司制订的客户拓展策略来调整运营方式						

同步实训

👤 实训一 解读店铺流量指标

📋 实训描述

许多电子商务平台均提供数据分析工具，如淘宝的生意参谋和京东的京东商智等。这些分析工具相当于一个大型的数据平台，将对应电子商务平台的各种数据整合起来，包括客户、市场、竞争、流量等各类数据，方便电子商务平台上的商家更好地了解店铺各方面的运营情况和市场的具体表现。小宇在淘宝开设了一家男装店铺，他需要查看近7天店铺的流量数据，以便了解引流效果。请同学们利用生意参谋帮助小宇查看店铺的流量指标，并为他分析近7天的引流效果。

🔧 操作指南

生意参谋是一款知名的数据分析工具，电商平台上的商家可以通过该工具获得具有深度和广度的数据，从而了解商品销售情况、竞争对手表现情况以及市场趋势等各方面的内容。同学们可参考以下步骤利用生意参谋分析流量指标。

微课视频

解读店铺流量指标

步骤 01 使用百度搜索引擎搜索"千牛工作台"，然后在搜索结果中单击"千牛工作台 - 商家一站式经营阵地"超链接，如图1-22所示。

步骤 02 打开登录页面，输入账号和密码，单击 ▨▨▨ 登录 ▨▨▨ 按钮，如图1-23所示。

图1-22　单击超链接

图1-23　登录千牛工作台

步骤 03 进入天猫商家工作台，选择左侧列表中的"数据"选项，如图1-24所示。

图1-24　选择"数据"选项

步骤 04 进入生意参谋首页，在顶部导航栏中单击"流量"标签，进入"流量"板块，选择"流量看板"选项，单击页面右上角的 7天 按钮，将显示店铺近7天的流量数据，如图1-25所示。

由图1-25可知，相比于前7日，访客数降低了3.05%，浏览量降低了0.39%，跳失率降低了0.34%，人均浏览量提高了1.02%，平均停留时长提高了0.68%，老访客数提高了17.57%，新访客数降低了4.10%，店铺页访客数降低了4.35%。

图1-25　查看流量数据

步骤 05 根据上述流量指标的变化情况可知，访客数、浏览量均有所下降，引流效果较前7日略差，且新访客数量也有所下降，说明店铺无法吸引新客户的注意。结合老访客数量大幅增长可知，店铺的商品是有吸引力的，因此可以认为令新访客失去兴趣的原因可能是页面内容较差，后期应当优化页面设计。另外，店铺页访客数量也呈下降趋势，这进一步说明引流效果不佳。综合而言，店铺需要对页面设计进行优化，以吸引更多新访客进店浏览商品。

💬 实训评价

同学们完成实训操作后，将主要流量指标填写到专门的练习册上，具体填写内容包括指标名称、数据和变化情况，然后分析该段时间的引流效果，老师根据填写内容和分析内容按表1-8进行打分。

表1-8　实训评价

序号	评分内容	总分	老师打分	老师点评
1	流量指标是否填写正确	20		
2	指标数据和变化情况是否填写正确	20		
3	引流效果分析是否准确	60		

合计：＿＿＿＿＿＿＿＿

👤 实训二　分析交易数据占比

📋 实训描述

小宇的男装店铺最近需要调整套装商品结构，明确哪些属于热门商品，哪些属于冷门商品，需要先对市场进行调查。小宇在生意参谋"市场"板块中使用"市场大盘"功能将男装套装各子行业的交易数据通过复制的方式，整理到 Excel 表格中。由于生意参谋中只能采集月交易指数，因此接下来他需要在 Excel 中汇总各子行业每月的交易指数，然后使用公式计算出各子行业交易指数占比，并通过饼图将占比情况进行可视化展示，从而了解近一年来男装套装市场受欢迎的商品。请同学们利用整理好的交易数据，帮助小宇完成交易数据占比分析，找出热门和冷门的商品。

⚒ 操作指南

Excel 具有强大的计算功能，可以快速完成各种计算工作。同学们可以体验在 Excel 中使用公式计算数据的操作，并巩固在 Excel 中建立图表的方法，参考以下步骤完成本次数据分析的操作。

微课视频

分析交易数据占比

步骤 01 打开"交易指数.xlsx"素材文件（配套资源:\素材\项目一\同步实训\交易指数.xlsx），选择B14单元格，在【公式】/【函数库】组中单击"自动求和"按钮∑，此时Excel将自动判断B列B14单元格上方包含数字的连续单元格区域为求和对象，如图1-26所示。

	类目	休闲运动套装交易指数	工装制服交易指数	时尚套装交易指数	其他套装交易指数			
2	2023年1月	4,431,676	3,687,524	610,576	343,783			
3	2023年2月	4,282,364	3,106,984	682,750	364,915			
4	2023年3月	3,679,370	2,701,989	612,934	308,383			
5	2023年4月	3,413,645	2,524,285	527,129	279,046			
6	2023年5月	3,804,863	2,832,682	526,323	425,211			
7	2023年6月	3,967,753	3,913,297	499,612	338,064			
8	2023年7月	3,468,708	3,241,534	543,002	365,200			
9	2023年8月	2,645,600	2,544,680	473,846	320,182			
10	2023年9月	2,365,393	1,434,593	477,607	227,168			
11	2023年10月	2,474,156	1,959,548	434,251	191,340			
12	2023年11月	3,445,161	3,221,953	756,565	261,716			
13	2023年12月	3,538,747	2,735,359	599,393	271,743			
14	年交易指数	=SUM(B2:B13)						
15	交易指数占比	SUM(number1, [number2], ...)						

图1-26　自动求和

步骤 02 确认无误后按【Enter】键完成求和计算。

步骤 03 选择B14单元格，将指针移至该单元格右下角，待指针变为十字形状时按住鼠标左键不放并向右拖曳至E14单元格，释放鼠标完成公式填充操作，Excel将自动计算出其他子行业的年交易指数，如图1-27所示。

5	2023年4月	3,413,645	2,524,285	527,129	279,046
6	2023年5月	3,804,863	2,832,682	526,323	425,211
7	2023年6月	3,967,753	3,913,297	499,612	338,064
8	2023年7月	3,468,708	3,241,534	543,002	365,200
9	2023年8月	2,645,600	2,544,680	473,846	320,182
10	2023年9月	2,365,393	1,434,593	477,607	227,168
11	2023年10月	2,474,156	1,959,548	434,251	191,340
12	2023年11月	3,445,161	3,221,953	756,565	261,716
13	2023年12月	3,538,747	2,735,359	599,393	271,743
14	年交易指数	41,517,436	33,904,428	6,743,988	3,696,751
15	交易指数占比				

图1-27　快速填充公式

步骤 04 利用各子行业的年交易指数除以所有子行业的年交易指数之和，计算各子行业的年交易指数占比。先通过插入函数的方式对所有子行业的年交易指数求和。选择B15单元格，在【公式】/【函数库】组中单击"插入函数"按钮*fx*，打开"插入函数"对话框，在"选择函数"列表框中选择"SUM"（求和函数）选项，单击 确定 按钮，如图1-28所示。

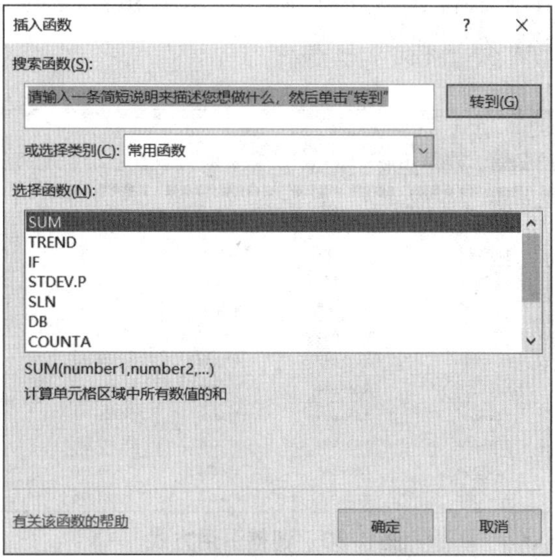

图1-28　选择求和函数"SUM"

步骤 05 打开"函数参数"对话框，选择"Number1"文本框中的内容，按【Delete】键删除，重新在表格中选择B14:E14单元格区域，引用其地址，单击 确定 按钮，如图1-29所示。

图1-29　选择求和区域

步骤 06 在编辑栏中选择SUM函数括号中的所有参数，按【F4】键在列标和行号前统一添加"$"（此符号为绝对引用符号，符号后的列标和行号在填充或复制公式时，均不会发生相对变化），如图1-30所示。前面通过填充公式能够快速计算出结果，是因为Excel默认公式为相对引用，即公式中引用的单元格会随目标单元格的变化而发生相对变化。这里要计算每个子行业的年交易指数占比，需要保证所有子行业的年交易指数求和函数中的单元格地址不能发生变化，否则后面填充时会出错。

类目	休闲运动套装交易指数	工装制服交易指数	时尚套装交易指数	其他套装交易指数
2023年1月	4,431,676	3,687,524	610,576	343,783
2023年2月	4,282,364	3,106,984	682,750	364,915
2023年3月	3,679,370	2,701,989	612,934	308,383
2023年4月	3,413,645	2,524,285	527,129	279,046
2023年5月	3,804,863	2,832,682	526,323	425,211
2023年6月	3,967,753	3,913,297	499,612	338,064
2023年7月	3,468,708	3,241,534	543,002	365,200
2023年8月	2,645,600	2,544,680	473,846	320,182
2023年9月	2,365,393	1,434,593	477,607	227,168
2023年10月	2,474,156	1,959,548	434,251	191,340
2023年11月	3,445,161	3,221,953	756,565	261,716

图1-30　调整引用方式

步骤 07 将光标定位到编辑栏中"SUM"和"="之间，选择B14单元格，引用其地址到公式中，然后输入"/"，如图1-31所示。

类目	休闲运动套装交易指数	工装制服交易指数	时尚套装交易指数	其他套装交易指数
2023年1月	4,431,676	3,687,524	610,576	343,783
2023年2月	4,282,364	3,106,984	682,750	364,915
2023年3月	3,679,370	2,701,989	612,934	308,383
2023年4月	3,413,645	2,524,285	527,129	279,046
2023年5月	3,804,863	2,832,682	526,323	425,211
2023年6月	3,967,753	3,913,297	499,612	338,064
2023年7月	3,468,708	3,241,534	543,002	365,200
2023年8月	2,645,600	2,544,680	473,846	320,182
2023年9月	2,365,393	1,434,593	477,607	227,168
2023年10月	2,474,156	1,959,548	434,251	191,340
2023年11月	3,445,161	3,221,953	756,565	261,716

图1-31　完善计算公式

步骤 08 按【Ctrl+Enter】组合键完成计算，得到该单元格对应的子行业交易指数占比，如图1-32所示。

B15 | ✕ ✓ fx | =B14/SUM($B$14:$E$14)

	A	B	C	D	E	F	G
4	2023年3月	3,679,370	2,701,989	612,934	308,383		
5	2023年4月	3,413,645	2,524,285	527,129	279,046		
6	2023年5月	3,804,863	2,832,682	526,323	425,211		
7	2023年6月	3,967,753	3,913,297	499,612	338,064		
8	2023年7月	3,468,708	3,241,534	543,002	365,200		
9	2023年8月	2,645,600	2,544,680	473,846	320,182		
10	2023年9月	2,365,393	1,434,593	477,607	227,168		
11	2023年10月	2,474,156	1,959,548	434,251	191,340		
12	2023年11月	3,445,161	3,221,953	756,565	261,716		
13	2023年12月	3,538,747	2,735,359	599,393	271,743		
14	年交易指数	41,517,436	33,904,428	6,743,988	3,696,751		
15	交易指数占比	48.4%					
16							
17							
18							

图1-32 计算交易指数占比

步骤 09 拖曳B15单元格右下角的填充柄至E15单元格，如图1-33所示。

B15 | ✕ ✓ fx | =B14/SUM($B$14:$E$14)

	A	B	C	D	E	F	G
4	2023年3月	3,679,370	2,701,989	612,934	308,383		
5	2023年4月	3,413,645	2,524,285	527,129	279,046		
6	2023年5月	3,804,863	2,832,682	526,323	425,211		
7	2023年6月	3,967,753	3,913,297	499,612	338,064		
8	2023年7月	3,468,708	3,241,534	543,002	365,200		
9	2023年8月	2,645,600	2,544,680	473,846	320,182		
10	2023年9月	2,365,393	1,434,593	477,607	227,168		
11	2023年10月	2,474,156	1,959,548	434,251	191,340		
12	2023年11月	3,445,161	3,221,953	756,565	261,716		
13	2023年12月	3,538,747	2,735,359	599,393	271,743		
14	年交易指数	41,517,436	33,904,428	6,743,988	3,696,751		
15	交易指数占比	48.4%	39.5%	7.8%	4.3%		
16							
17							
18							

图1-33 填充公式

步骤 10 选择B1:E1单元格区域，按住【Ctrl】键，再选择B15:E15单元格区域，在【插入】/【图表】组中单击"插入饼图或圆环图"下拉按钮 ●▾，在弹出的下拉列表中选择"二维饼图"类型下的第1个选项。

步骤 11 删除图表标题和图例（默认位于图表下方），然后在【图表工具 图表设计】/【图表布局】组中单击"添加图表元素"下拉按钮 ▮▮，在弹出的下拉列表中选择"数据标签"/"数据标签外"选项，如图1-34所示。

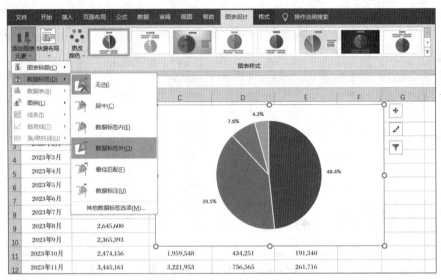

图1-34　添加数据标签

步骤 12 双击添加的数据标签，打开"设置数据标签格式"任务窗格，选中"类别名称""值""显示引导线"复选框，如图 1-35 所示。

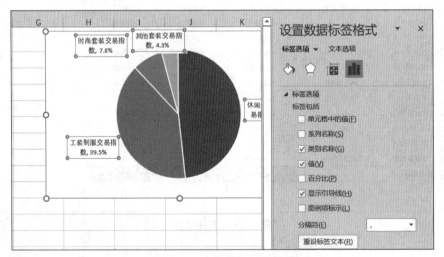

图1-35　设置数据标签格式

步骤 13 拖曳图表右下角的控制点适当调整图表尺寸，在【开始】/【字体】组中将字体格式设置为"方正兰亭纤黑简体，10号"，然后拖曳调整每个数据标签的位置，效果如图1-36所示（配套资源:\效果\项目一\同步实训\交易指数.xlsx）。

由图1-36可知，近一年男装套装子行业中，休闲运动套装和工装制服较为热门，时尚套装和其他套装则较为冷门。

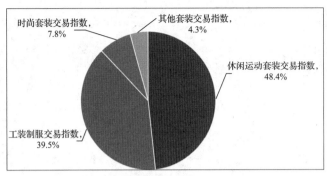

图1-36 调整图表尺寸和字体

💬 实训评价

同学们利用提供的素材文件完成实训操作后,将其保存为效果文件(命名规则为"文件名+姓名"),将该效果文件提交给老师。老师根据效果文件的内容,按表1-9所示内容进行打分。

表1-9 实训评价

序号	评分内容	总分	老师打分	老师点评
1	各子行业的年交易指数是否计算正确	20		
2	各子行业的年交易指数占比是否计算正确	20		
3	饼图创建是否正确	20		
4	饼图能否清晰反映数据结果	40		

合计:＿＿＿＿＿＿＿＿

项目总结

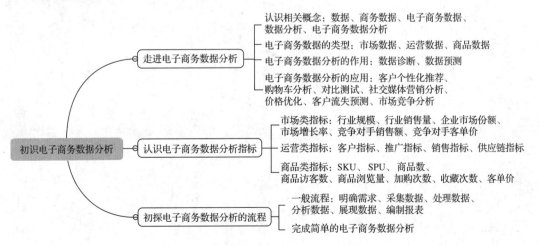

项目二

采集与处理
电子商务数据

职场情境

　　小艾明白，要想分析店铺客户的购物习惯，需要得到与客户相关的交易数据；要想分析竞争商品的销售表现，需要得到竞争商品的销售数据……因此她主动找到老李，询问如何才能采集到需要的数据。

　　老李认为数据采集是非常重要的环节，因此他需要系统且全面地教会小艾相关的技能，这将涉及电子商务数据采集的原则、方法、工具，电子商务数据来源，以及数据采集后的各种处理工作，如数据的分类统计、清洗、转化、计算等。老李告诉小艾，这些工作是为了更好地开展数据分析，希望小艾能够引起足够的重视。

学习目标

✈ **知识目标**

1. 了解电子商务数据采集的概念、原则和渠道。
2. 熟悉电子商务数据采集的方法和工具。
3. 了解数据分类与处理的重要性。

✈ **技能目标**

1. 能够通过手动方式或使用工具完成数据的采集工作。
2. 能够对采集的数据进行清洗、分类统计、计算等操作。

✈ **素养目标**

1. 增强不窃取、不虚构数据的意识，培养严谨务实的工作作风。
2. 在采集与处理数据的过程中培养耐心、细心的工作态度。

任务一　采集电子商务数据

任务描述

　　为进一步了解男装套装的市场行情，小艾需要采集相关的数据，如市场数据、销售数据等。但从哪里找到数据呢？怎么采集？这些问题都是小艾无法解决的。老李综合考虑实际情况后，决定先从数据采集的概念、原则、渠道、方法、工具等角度出发，让小艾熟悉电子商务数据采集的基础内容，再让她通过手动方式和使用工具完成数据的采集工作。

任务实施

👤 活动一　初识电子商务数据采集

　　数据采集简单来说就是收集和获取数据的过程。例如，工程师在修建大桥时，为了测试大桥的承重能力，往往会在桥上安装许许多多的压力传感器，如图2-1所示。当车辆从桥面驶过，压力传感器便会产生数据并传输到指定的位置，如计算机的数据库，工程师便可以从数据库中提取数据并进行分析，确保大桥的承重能力达到预期目标。压力传感器产生数据并传输到数据库的过程，实际也是采集数据的过程。

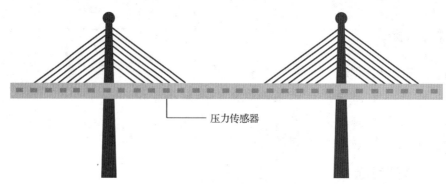

——压力传感器

图2-1　桥梁上的压力传感器

电子商务数据的采集过程更加方便，只需通过各种渠道获得相关的数据，然后将其整理到 Excel、Power BI 等分析工具中即可。

1. 电子商务数据采集的原则

采集到的数据能否为分析环节所用，关键在于采集数据时是否遵循以下原则。

- **合法性**。数据采集必须遵守相关的法律法规，确保在合法的范围内开展工作，尊重个人隐私权和其他权益。采集的数据只能是相关机构已经公布的公开数据，或是在用户同意的情况下获取的数据，而不能是采用商业间谍或非法窃取等手段获取的数据。

- **精确性**。确保采集到的数据准确、完整，以提高数据质量和可信度。这需要了解合适的采集渠道，通过权威、专业的渠道完成数据采集工作，以保证数据的精确性。

- **及时性**。数据采集需要尽可能地获取到最近的数据，只有确保数据的及时性，才能更好地发现当前的问题并预测变化趋势。如果根据 10 年前采集的某个市场的数据来分析该市场当下的发展情况，则根本无法得到有价值的分析结果。

由此可见，小艾在进行数据采集时就应当考虑数据是否合法、准确，以及是否及时等问题，当确保数据遵循以上原则后，就能够采集到高质量的数据。

2. 电子商务数据采集的渠道

电子商务数据的采集渠道较多，为了便于学习，可以划分为以下类型。

- **内部数据的采集渠道**。内部数据指的是电子商务企业内部的各种管理系统产生的数据，如商品采购和管理系统的数据、客户服务管理系统的数据等。对这类数据，往往可以从系统的数据库中获得，如果企业没有建立任何管理系统或数据库，则可以将日常运营过程中产生的数据分门别类地存储下来，如将每日的流量数据和销售数据汇总到日报表中，当需要用到这些数据时，就可以从报表中获取。

- **外部数据的采集渠道。**外部数据即非企业内部产生的数据，它包括实地调查的数据和网络数据两大类。实地调查的数据是通过问卷调查、访问、记录等获取到的有效数据。对电子商务企业而言，制作一份高质量的问卷调查表就能够采集到极具价值的数据，如利用客户满意调查表采集客户对商品各方面的满意程度数据，就有利于企业提升商品质量。网络数据则是更为方便的采集对象，如政府部门、行业协会、新闻媒体等发布的统计数据、行业报告数据，权威网站、数据机构发布的报告、白皮书，以及各种电子商务平台和指数工具（如生意参谋、京东商智、百度指数等）上的相关内容，都是网络数据。国家统计局、艾瑞咨询和生意参谋首页如图2-2所示。

图2-2　国家统计局、艾瑞咨询、生意参谋首页

👤 活动二　明确电子商务数据采集的方法与工具

了解电子商务数据采集的基本知识后，小艾仍然无法独立完成数据的采集工作，因此老李将继续给小艾介绍电子商务数据采集的方法和一些常用的采集工具。当学会这些知识后，小艾就可以开展采集工作了。

1. 电子商务数据采集的方法

针对不同的采集渠道，电子商务数据的采集方法各有不同。对内部数据而言，采集时只需从数据库中复制或调用到数据分析工具中就可以使用；对外部实地调查的数据而言，如果采用纸质问卷调查表，则需要通过扫描或手工录入的方式获取数据，如果采用电子问卷调查表，则可以复制其中的数据到数据分析工具中；对外部网络数据，主要的获取方法则是复制、下载和爬取3种。

- **复制数据**。访问目标网页，选择需要采集的数据内容，在所选数据上单击鼠标右键，在弹出的快捷菜单中选择"复制"命令，或直接按【Ctrl+C】组合键。打开数据分析工具，在其中的空白区域单击鼠标右键，在弹出的快捷菜单中选择"粘贴"命令，或直接按【Ctrl+V】组合键粘贴数据。

- **下载数据**。如果网页中提供有"下载""导出"等功能按钮，则无须手动复制数据，只需单击相应的按钮，然后按照提示将数据保存到计算机上的指定位置。

- **爬取数据**。爬取数据是指利用各种程序自动采集网站上的数据，这对数据较为分散且未提供下载、导出功能的页面来说是非常实用的。在图2-3所示的招聘信息页面中，如果要获取各种招聘信息的职位、月薪、公司等数据，只能依次手动复制，采集效率是非常低下的。如果利用程序来爬取数据，则可以自动完成所需数据的采集工作。

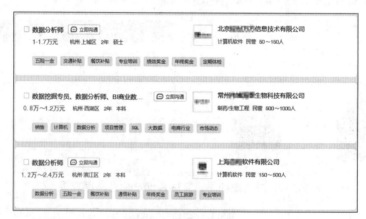

图2-3 招聘信息页面

2. 电子商务数据采集的工具

商家在采集电子商务数据时，常用的采集工具主要有生意参谋、京东商智、店侦探、八爪鱼采集器、火车采集器等。

- **生意参谋**。生意参谋是一款电子商务数据分析工具，它提供了淘宝、天猫的数据监测和分析功能，可以帮助淘宝和天猫的商家了解市场动态、竞争对手情况以及商品销售情况，从而优化经营策略和提升销售业绩。图2-4所示为生意参谋中某店铺的流量来源数据，采集时只需复制数据到分析工具中。

图2-4 利用生意参谋采集数据

- **京东商智**。京东商智也是一款电子商务数据分析工具，它依托京东丰富的数据资源和强大的数据处理能力，为京东的商家提供全面的数据洞察和智能决策支持。商家可以利用京东商智的数据分析能力，深入了解市场、客户和商品，从而优化运营策略，提升竞争力，最终实现利润增长。图2-5所示为京东商智中某店铺的商品数据，采集时只需复制数据到分析工具中或单击 下载数据 按钮将数据保存到计算机上。

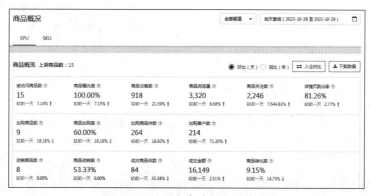

图2-5 利用京东商智采集数据

- **店侦探**。店侦探主要面向淘宝、天猫等电子商务平台的商家，帮助商家进行销售数据监测和竞争情报分析，使商家更好地了解市场、竞争对手和商品情况，并通过数据分析来优化运营策略，提高销售业绩。图 2-6 所示为店侦探中监测的某个竞争店铺的数据，采集时只需单击右上角的 导出数据 按钮将数据保存到计算机上。

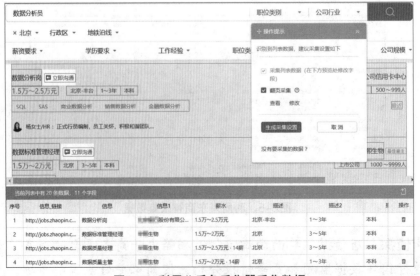

图2-6　利用店侦探采集数据

- **八爪鱼采集器**。八爪鱼采集器是一款数据抓取工具，它提供了简单易用的页面和丰富的功能，可以快速、高效地从各种网站上抓取和提取数据。八爪鱼采集器提供有模板采集、自动识别采集、手动采集、云采集等多种采集方法，其中自动识别采集是相对简单且灵活的一种。自动识别采集的使用方法为：登录八爪鱼采集器，新建自定义任务，输入或复制需要采集的数据所在的网址并保存设置，此时八爪鱼采集器将访问该网页并自动识别网页内容，识别完成后用户可根据需要修改采集的页数、字段等信息，然后按照提示采集并保存数据。利用八爪鱼采集器采集数据如图 2-7 所示。

图2-7　利用八爪鱼采集器采集数据

● **火车采集器**。火车采集器也是一款数据抓取工具，其功能强大、易于上手，且具有先进的内容采集和数据导入功能，可以自动识别网页编码，不需要人员值守，只要配置好相应的程序，就能依据设置自动运行。其使用方法为：登录火车采集器，新建任务，输入或复制需要采集的数据所在的网址和任务名称，然后查看该网址中的源代码，找出相应的代码规律，在火车采集器中设置该规律，如图2-8所示，完成后保存设置。最后在操作页面的任务选项上单击鼠标右键，在弹出的快捷菜单中选择"开始"命令，开始采集数据。

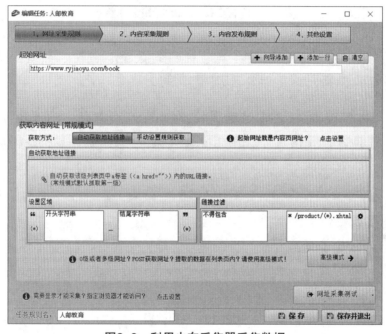

图2-8　利用火车采集器采集数据

活动三　手动采集电子商务数据

　　手动采集电子商务数据是指通过复制、下载等方式获取需要的数据。老李让小艾在店侦探上采集韩都衣舍连衣裙商品的数据，通过这个活动练习手动采集电子商务数据的基本方法。具体操作如下。

步骤 01 在浏览器中使用百度或其他搜索引擎搜索店侦探，访问并登录该网站，在"示例店铺"栏下单击"韩都衣舍旗舰店"超链接。

步骤 02 在左侧导航栏中依次选择"商品分析"选项和"类目分布"选项，如图2-9所示。

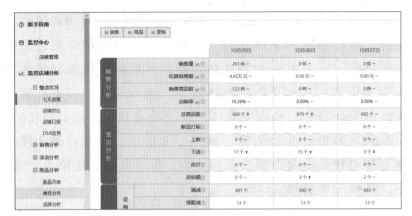

图2-9　查看店铺商品的类目分布情况

步骤 03 页面中将显示该店铺各类目商品的数量、销量、销售额等数据，找到连衣裙类目的数据，单击右侧的 查看详情 按钮。

步骤 04 页面中将显示店铺中所有连衣裙商品的数据，包括价格、创建时间、估算日销售额、日销量等，单击左上角的 导出 按钮，如图2-10所示。

图2-10　导出数据

步骤 05 启动浏览器自带的下载功能，在"文件名"文本框中将数据所在文件的名称修改为"连衣裙数据"，在"下载到"下拉列表中选择文件的保存位置（可单击右侧的 浏览... 按钮指定保存位置），单击 下载 按钮下载数据，如图2-11所示。

图2-11　下载数据

步骤 06 下载完成后，找到并双击该文件，此时计算机将启动Excel并打开文件（前提是计算机上已安装Excel软件），显示采集到的数据内容，如图2-12所示（配套资源:\效果\项目二\连衣裙数据.csv）。

	I	J	K	L	M	N	O	P	Q	R	S	T	U	V
1	创建时间	品牌	标价	折扣价	收藏量	评价数	估算日销	日销量	7天销量	7天销量升	30天销量	30天销售	累计销量	店铺id
2	######	HSTYLE/韩	249	219	342	12	438	2	3	100	122	26718	52	58501945
3	######	HSTYLE/韩	239	215	132	15	430	2	2	100	100	21500	2	58501945
4	######	HSTYLE/韩	219	189	114	3	0	0	0	0	30	5670	14	58501945
5	######	HSTYLE/韩	359	319	80	3	319	1	1	100	11	3509	9	58501945
6	######	HSTYLE/韩	169	74	1534	92	0	0	0	0	10	740	816	58501945
7	######	HSTYLE/韩	279	169.0-209	6828	73	0	0	1	100	10	1690	66	58501945
8	######	HSTYLE/韩	319	279	146	3	279	1	1	100	10	2790	1	58501945
9	######	HSTYLE/韩	339	299	76	5	0	0	0	0	9	2691	4	58501945

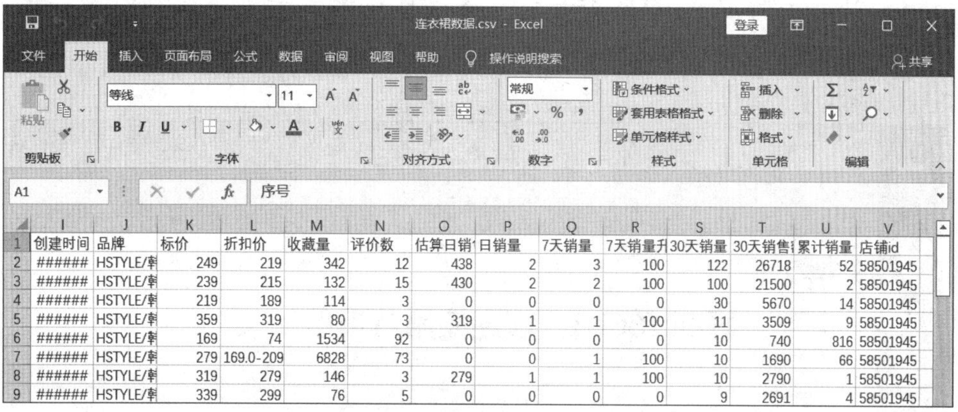

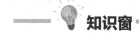

图2–12　查看采集到的数据

知识窗

如果需要监控竞争店铺及其商品，则需要付费升级店侦探的版本。选择左侧导航栏中“监控中心”功能下的“店铺管理”选项，单击右侧的 添加监控店铺 按钮，在打开的“添加监控店铺”对话框中输入或复制竞争店铺的某个商品网址，单击 添加监控 按钮便可监控该店铺。如果要监控其商品，可在添加监控店铺后选择左侧导航栏“监控中心”功能下的“重点监控商品”选项，并单击 添加宝贝 按钮，在打开的对话框中输入或复制商品网址，单击 添加监控 按钮。

知识窗

活动四　使用工具采集电子商务数据

小艾想要采集京东商城中的男装套装数据，如果通过手动复制的方式采集，会花费大量的时间和精力，因此老李让小艾尝试使用八爪鱼采集器的自动采集功能完成采集任务。在老李的帮助下，小艾首先在八爪鱼采集器中对采集任务进行了适当设置，然后开始采集所需的数据。

第一步　采集设置

使用八爪鱼采集器的自定义采集功能采集数据时，需要先复制目标网页的网址，再对采集对象进行适当设置。具体操作如下。

微课视频

采集设置

步骤 01 在浏览器中访问并登录京东商城，在搜索框中输入"男装套装"并按【Enter】键，显示搜索结果，选择浏览器地址栏中的网址，并按【Ctrl+C】组合键复制备用。

步骤 02 打开并登录八爪鱼采集器，将指针移至页面左上方的"新建"按钮 ➕ 上，在弹出的下拉列表中选择"自定义任务"选项，如图2-13所示。

图2-13 选择"自定义任务"选项

步骤 03 在页面的"网址"文本框中单击，使之成为可输入状态，按【Ctrl+V】组合键粘贴前面复制的网址，单击 保存设置 按钮，如图2-14所示。

图2-14 设置并保存采集任务

步骤 04 由于需要登录京东商城才能显示男装套装的搜索结果，因此在打开的页面中需要先单击 取消识别 按钮，取消自动识别数据，然后单击"浏览模式"的"开关"按钮 ⬤，开启浏览模式，从而按浏览器的效果输入京东商城的账号和密码。接着单击页面右方的"高级设置"标签，在打开的选项中依次单击 获取当前页面Cookie 按钮和 应用 按钮，以保存京东商城的登录信息，如图2-15所示。

图2-15　取消自动识别数据并获取登录信息

步骤 05 再次单击"浏览模式"的"开关"按钮 ，使其重新变为关闭状态，然后单击黄色的电灯标记 ，在展开的页面中单击"自动识别网页内容"超链接，如图2-16所示。

图2-16　开始自动识别网页数据

步骤 06 八爪鱼采集器开始识别数据并显示进度，完成后会在页面下方显示将要采集的数据内容，将指针移至某个字段名称上会出现"删除字段"按钮 ，单击该按钮可删除不需要的字段。另外，在"操作提示"页面中还可以对采集时的翻页和滚动动作进行设置，这里均保持默认设置，如图2-17所示。

图2-17　显示采集的数据效果

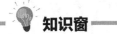

💡 **知识窗**

当需要采集不止1个页面的数据，且页面中的数据需要滚动鼠标滚轮才能加载时，便需要选中"操作提示"页面中的"翻页采集"复选框和"滚动加载数据"复选框。单击"翻页采集"复选框下方的"查看"超链接，还可以查看翻页按钮是否设置正确，如果不正确，则可以单击"修改"超链接重新设置。

💡 **知识窗**

第二步 采集数据

完成采集设置后，便可以开始数据采集工作了。具体操作如下。

步骤 01 单击图2-17中"操作提示"页面中的 生成采集设置 按钮。

步骤 02 单击"操作提示"页面中的"保存并开始采集"超链接，如图2-18所示。

微课视频

采集数据

图2-18　保存设置并开始采集

步骤 03 打开"请选择采集模式"对话框，单击"本地采集"模式下方的 普通模式 按钮，如图2-19所示。

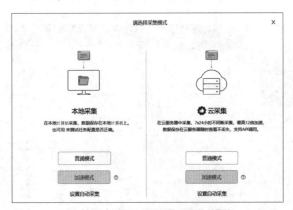

图2-19　采用"本地采集"模式

步骤 04 八爪鱼采集器开始采集数据，并显示采集进度，如图2-20所示。当采集到足够的数据后，单击采集窗口右上角的 ■停止 按钮。

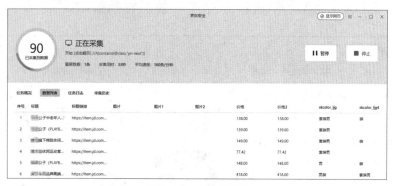

图2-20　采集数据

步骤 05 打开对话框，系统询问是否停止本地采集的操作，单击 确定 按钮，如图2-21所示。

步骤 06 打开提示采集已经停止的对话框，单击 导出数据 按钮，如图2-22所示。

图2-21　停止采集

图2-22　导出数据

步骤 07 打开询问是否去除重复数据的对话框，单击 去重数据 按钮，如图2-23所示。

步骤 08 打开"导出本地数据"对话框，选中"Excel(xlsx)"单选项，单击 确定 按钮，如图2-24所示。

图2-23　去重数据

图2-24　设置导出文件类型

步骤 09 打开"另存为"对话框，在"文件名"下拉列表中输入"京东男装套装数据"，设置文件的保存位置，单击 保存(S) 按钮完成数据采集操作，如图2-25所示（配套资源:\效果\项目二\京东男装套装数据.xlsx）。

图2-25　设置保存文件名称和位置

素养小课堂

　　八爪鱼采集器几乎能够采集到网页中所有能见的信息，但这并不代表这些信息是被允许采集的。如果网站有明确规定，在未经许可下不得擅自使用网站数据，那么使用八爪鱼采集器采集这些信息就是违规的。我们在采集数据时一定要养成不盗用他人数据，尊重他人知识产权的良好习惯。

任务二　处理采集的电子商务数据

任务描述

　　小艾在学会数据采集的基本方法后，尝试使用不同的方式和工具在不同的网站采集了一些数据，但她发现这些数据有的非常混乱，有的残缺不全，不知道应当如何处理才能用于数据分析。老李告诉小艾，采集到的数据大多数情况下是不能直接用来分析的，只有对数据进行分类和处理后，这些数据才能实现分析的价值。这次任务老李便将教会小艾如何对采集到的数据进行分类统计、清洗、转化、计算等操作。

任务实施

👤 活动一　认识数据分类与处理

数据分类与处理在电子商务数据分析中起着承上启下的作用，它可以提升采集到的数据的价值，可以为数据分析提供更加精准的数据信息，可以简化数据分析的工作内容。为了使小艾更好地进行数据分类与处理工作，老李需要告诉她数据分类与处理的基本原则。

- **客观性原则**。分类与处理数据时，应严格按照采集到的数据进行操作，分类与处理结果应准确、可靠并且客观，这样才能为数据分析得到正确结果提供基本的保证。
- **完整性原则**。数据分类与处理应当确保数据的完整性，无论是单个数据各维度的信息，还是整体数据的体量，都应考虑其完整性。分类与处理后的数据越完整，下一步的数据分析就会越全面和深入。
- **针对性原则**。分类与处理数据应严格按照数据分析的目的进行，针对不同类型数据的难易程度，选择具有针对性的方法，使结果符合实际需求。
- **严谨性原则**。数据分类与处理是数据分析的重要前提，这个环节往往会因数据的庞大、烦琐而增加出错的概率，因此在进行数据分类与处理时，一定要严谨、细致，避免出错。
- **便捷性原则**。数据分类与处理的结果应便于观察、对比、分析，并能简单快速调用，易于发现规律。

👤 活动二　分类统计数据

数据分类统计是根据统计目的将采集到的原始数据进行统计归类，本次活动小艾将学习使用 Excel 分类统计数据的常用方法。

1. 分类汇总

小艾在生意参谋中采集了上周店铺各流量来源的访客数、下单买家数、支付买家数和支付金额等数据，接下来她将在老李的指导下利用 Excel 的分类汇总功能汇总上周不同流量来源的支付总额。具体操作如下。

微课视频

分类汇总

步骤 01 打开"分类汇总.xlsx"素材文件（配套资源:\素材\项目二\分类汇总.xlsx），选择B2单元格，在【数据】/【排序和筛选】组中单击"升序"按钮 ↓，将表格中的数据以流量来源为标准重新排列，如图2-26所示。

图2-26 重新排列数据

步骤 02 在【数据】/【分级显示】组中单击"分类汇总"按钮，打开"分类汇总"对话框，在"分类字段"下拉列表中选择"流量来源"选项，在"汇总方式"下拉列表中选择"求和"选项，在"选定汇总项"列表框中选中"支付金额/元"复选框，其他保持默认设置，单击 确定 按钮，如图2-27所示。

图2-27 设置分类汇总

步骤 03 完成分类汇总操作，单击操作界面左侧的"2级显示"按钮 ②，显示店铺上周不同流量来源的支付总额，如图2-28所示（配套资源:\效果\项目二\分类汇总.xlsx）。

图2-28 查看汇总结果

2. 合并计算

老李在小艾采集到的上周数据的基础上，把本周的数据添加到 Excel 的另一个工作表中，然后给小艾演示使用合并计算功能按不同流量来源统计两周各个指标的结果。具体操作如下。

步骤 01 打开"合并计算.xlsx"素材文件（配套资源:\素材\项目二\合并计算.xlsx），单击下方工作表标签右侧的"新工作表"按钮⊕。

步骤 02 在新建的工作表中选择A1单元格，在【数据】/【数据工具】组中单击"合并计算"按钮，打开"合并计算"对话框，在"函数"下拉列表中选择"求和"选项，在"引用位置"文本框中单击，定位插入点，然后单击操作界面下方的"Sheet1"工作表标签切换工作表，选择B1:F36单元格区域，单击 添加(A) 按钮，如图2-29所示。

图2-29 添加数据区域

步骤 03 单击"Sheet2"工作表标签切换工作表，然后选择B1:F36单元格区域，如图2-30所示。

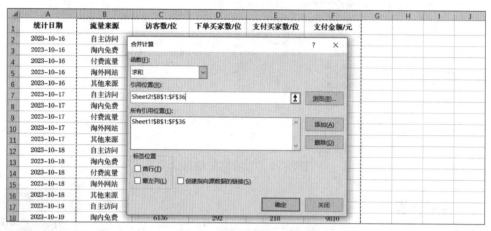

图2-30 引用数据区域

步骤 04 选中"合并计算"对话框中的"首行"复选框和"最左列"复选框，单击 确定 按钮，如图2-31所示。

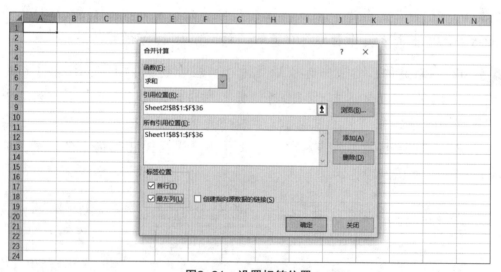

图2-31 设置标签位置

步骤 05 Excel自动将两个工作表的数据按照不同的流量来源进行求和汇总，在合并计算表格中，选择A1:E6单元格区域，在【开始】/【字体】组的"字体"下拉列表中选择"方正宋三简体"选项，在"字号"下拉列表中选择"11"选项，在"对齐方式"组中依次单击"垂直居中"按钮 ≡ 和"居中"按

钮 。选择B1:E1单元格区域，按【Ctrl+B】组合键加粗字体。拖曳A列至E列的列标分隔线调整列宽，并拖曳第1行至第6行的行号分隔线调整行高，效果如图2-32所示（配套资源:\效果\项目二\合并计算.xlsx）。

	访客数/位	下单买家数/位	支付买家数/位	支付金额/元
自主访问	537071	28341	21331	959895
淘内免费	107213	5690	4281	192645
付费流量	1270860	66758	50240	2260800
淘外网站	1704	84	55	2475
其他来源	100	1	0	0

图2-32　操作后效果

3. 函数的应用

函数是Excel预先定义的特定计算公式，它通过使用指定格式的参数来完成数据计算。函数与公式都必须以等号"="开始，后面紧跟函数名以及对应的用半角括号包括的参数。图2-33所示为求平均值函数的结构，它表示将A1:D1单元格区域中的数据进行求和后除以4得到平均值结果。如果转换为公式计算，则应该在目标单元格中输入"=(A1+B1+C1+D1)/4"。

函数名　　　　　　　函数参数

求平均值函数：**=AVERAGE(A1:D1)**

转换为公式计算：**= (A1+B1+C1+D1)/4**

图2-33　函数与公式的结构

在Excel中选择需要保留计算结果的目标单元格后，可以直接在编辑栏中输入函数或公式，如图2-34所示。如果对函数的名称和用法不熟悉，则可以单击编辑栏左侧的"插入函数"按钮 ，在打开的对话框中选择函数并设置参数，如图2-35所示。

电子商务数据分析（慕课版）

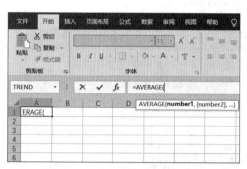

图2-34　在编辑栏中输入函数

图2-35　选择函数

　　对电子商务数据的统计而言，一些基本的函数是需要小艾掌握的。老李列出了求和函数、条件求和函数、求平均值函数、计数函数、条件计数函数、求最大值函数和求最小值函数，让小艾利用它们来完成对店铺数据的统计。具体操作如下。

微课视频

函数的应用

步骤 01 打开"函数的应用.xlsx"素材文件（配套资源:\素材\项目二\函数的应用.xlsx），选择F2单元格，在编辑栏中输入"=SUM(C2:C17)"，按【Ctrl+Enter】组合键返回计算结果，如图2-36所示。

	A	B	C	D	E	F	G	H	I
1	订单编号	交易数量/件	交易金额/元						
2	1564974735855838848	1	67		交易总额/元	2096			
3	1564792034770840748	1	77		订单交易数量为1件的交易总额/元				
4	2626504454422923826	2	179		每笔订单平均交易额/元				
5	1564717765478576149	1	57		订单交易数/笔				
6	1564462203809176790	1	72		交易金额大于100元的订单数/笔				
7	1564330766935254691	1	71		订单最大交易金额/元				
8	1564087297421775896	2	282		订单最小交易金额/元				
9	2625690207868291863	1	71						
10	1564972579155838207	1	137						
11	1564792034770829106	2	253						
12	2626504454422970144	1	73						
13	1564717765478560052	1	189						
14	1564462203809191476	1	129						
15	1564330766935220107	1	109						
16	1564087297421795642	2	139						
17	2625690207868260074	1	191						

图2-36　统计交易总额

步骤 02 选择F3单元格，单击编辑栏左侧的"插入函数"按钮 ƒₓ，打开"插入函数"对话框，在"或选择类别"下拉列表中选择"数学与三角函数"选项，在"选择函数"列表框中选择"SUMIF"选项，单击 确定 按钮，如图2-37所示。

步骤 03 打开"函数参数"对话框，在"Range"文本框中单击，定位插入点，选择B2:B17单元格区域，在"Criteria"文本框中输入"1"，在"Sum_range"文本框中单击，定位插入点，选择C2:C17单元格区域，单击 确定 按钮，如图2-38所示。

图2-37 选择函数

图2-38 设置函数参数

步骤 04 此时F3单元格中将显示计算后的结果，如图2-39所示。

F3 | =SUMIF(B2:B17,1,C2:C17)

	A	B	C	D	E	F	G	H	I
1	订单编号	交易数量/件	交易金额/元						
2	15649747358558838848	1	67		交易总额/元	2096			
3	15647920347708407484	1	77		订单交易数量为1件的交易总额/元	1243			
4	26265044544229923826	2	179		每笔订单平均交易额/元				
5	15647177654785576149	1	57		订单交易数/笔				
6	15644622038091767900	1	72		交易金额大于100元的订单数/笔				
7	15643307669352546911	1	71		订单最大交易金额/元				
8	15640872974217758961	2	282		订单最小交易金额/元				
9	26256902078682918631	1	71						
10	15649725791558382071	1	137						
11	15647920347708291061	2	253						
12	26265044544229701441	1	73						
13	15647177654785600521	1	189						
14	15644622038091914761	1	129						
15	15643307669352201071	1	109						

图2-39 统计订单交易数量为1件的交易总额

步骤 05 选择F4单元格，在编辑栏中输入"=AVERAGE(C2:C17)"，按【Ctrl+Enter】组合键返回计算结果，如图2-40所示。

	A	B	C	D	E	F	G	H	I
F4			fx	=AVERAGE(C2:C17)					
1	订单编号	交易数量/件	交易金额/元						
2	15649747358558838848	1	67		交易总额/元	2096			
3	15647920347708408748	1	77		订单交易数量为1件的交易总额/元	1243			
4	2626504454422923826	2	179		每笔订单平均交易额/元	131			
5	15647177654785761449	1	57		订单交易数/笔				
6	15644622038091767790	1	72		交易金额大于100元的订单数/笔				
7	15643307669352546491	1	71		订单最大交易金额/元				
8	15640872974217758896	2	282		订单最小交易金额/元				
9	2626569020786829863	1	71						
10	15649725791558838207	1	137						
11	15647920347708429106	2	253						
12	2626504454422970144	1	73						
13	15647177654785600052	1	189						
14	15644622038091914476	1	129						

图2-40 统计每笔订单平均交易额

步骤 06 选择F5单元格，在编辑栏中输入"=COUNT(C2:C17)"，按【Ctrl+Enter】组合键返回计算结果，如图2-41所示。

	A	B	C	D	E	F	G	H	I
F5			fx	=COUNT(C2:C17)					
1	订单编号	交易数量/件	交易金额/元						
2	15649747358558838848	1	67		交易总额/元	2096			
3	15647920347708408748	1	77		订单交易数量为1件的交易总额/元	1243			
4	2626504454422923826	2	179		每笔订单平均交易额/元	131			
5	15647177654785761449	1	57		订单交易数/笔	16			
6	15644622038091767790	1	72		交易金额大于100元的订单数/笔				
7	15643307669352546491	1	71		订单最大交易金额/元				
8	15640872974217758896	2	282		订单最小交易金额/元				
9	2626569020786829863	1	71						
10	15649725791558838207	1	137						
11	15647920347708429106	2	253						
12	2626504454422970144	1	73						
13	15647177654785600052	1	189						
14	15644622038091914476	1	129						

图2-41 统计订单交易数

步骤 07 选择F6单元格，单击编辑栏左侧的"插入函数"按钮 fx，打开"插入函数"对话框，在"或选择类别"下拉列表中选择"统计"选项，在"选择函数"列表框中选择"COUNTIF"选项，单击 确定 按钮，如图2-42所示。

步骤 08 打开"函数参数"对话框，在"Range"文本框中单击，定位插入点，选择C2:C17单元格区域，在"Criteria"文本框中输入">100"，单击 确定 按钮，如图2-43所示。

图2-42　选择函数

图2-43　设置函数参数

步骤 09 此时F6单元格中将显示计算后的结果，如图2-44所示。

	A	B	C	D	E	F	G	H	I
F6		fx	=COUNTIF(C2:C17,">100")						
1	订单编号	交易数量/件	交易金额/元						
2	15649747358558388848	1	67		交易总额/元	2096			
3	15647920347708407448	1	77		订单交易数量为1件的交易总额/元	1243			
4	26265044544229238226	2	179		每笔订单平均交易额/元	131			
5	15647176547585761449	1	57		订单交易数/笔	16			
6	15644622038091767790	1	72		交易金额大于100元的订单数/笔	9			
7	15643307669352546691	1	71		订单最大交易金额/元				
8	15640872974217758896	2	282		订单最小交易金额/元				
9	26256902078682918863	1	71						
10	15649725791558382207	1	137						
11	15647920347708291106	2	253						
12	26265044544229701444	1	73						
13	15647176547856005552	1	189						
14	15644622038091914776	1	129						
15	15643307669352201107	1	109						
16	15640872974217956442	2	139						
17	26256902078682600744	1	191						

图2-44　统计交易金额大于100元的订单数

步骤 10 选择F7单元格，在编辑栏中输入"=MAX(C2:C17)"，按【Ctrl+Enter】组合键返回计算结果，如图2-45所示。

	A	B	C	D	E	F	G	H	I
F7		fx	=MAX(C2:C17)						
1	订单编号	交易数量/件	交易金额/元						
2	15649747358558388848	1	67		交易总额/元	2096			
3	15647920347708407448	1	77		订单交易数量为1件的交易总额/元	1243			
4	26265044544229238226	2	179		每笔订单平均交易额/元	131			
5	15647176547585761449	1	57		订单交易数/笔	16			
6	15644622038091767790	1	72		交易金额大于100元的订单数/笔	9			
7	15643307669352546691	1	71		订单最大交易金额/元	282			
8	15640872974217758896	2	282		订单最小交易金额/元				
9	26256902078682918863	1	71						
10	15649725791558382207	1	137						
11	15647920347708291106	2	253						
12	26265044544229701444	1	73						
13	15647176547856005552	1	189						
14	15644622038091914776	1	129						
15	15643307669352201107	1	109						
16	15640872974217956442	2	139						
17	26256902078682600744	1	191						

图2-45　统计订单最大交易金额

步骤 11 选择F8单元格，在编辑栏中输入"=MIN(C2:C17)"，按【Ctrl+Enter】组合键返回计算结果，如图2-46所示（配套资源:\效果\项目二\函数的应用.xlsx）。

	F8	▼	:	×	✓	fx	=MIN(C2:C17)				
▲	A	B	C	D	E			F	G	H	I
1	订单编号	交易数量/件	交易金额/元								
2	15649747358558838848	1	67		交易总额/元			2096			
3	15647920347708407488	1	77		订单交易数量为1件的交易总额/元			1243			
4	26265044544222923826	2	179		每笔订单平均交易额/元			131			
5	15647177654785761449	1	57		订单交易数/笔			16			
6	15644622038091767900	1	72		交易金额大于100元的订单数/笔			9			
7	15643307669352546911	1	71		订单最大交易金额/元			282			
8	15640872974217758960	2	282		订单最小交易金额/元			57			
9	26256902078682918633	1	71								
10	15649725791558382077	1	137								
11	15647920347708291069	2	253								
12	26265044544229701446	1	73								
13	15647177654785600525	1	189								
14	15644622038091914766	1	129								
15	15643307669352201077	1	109								
16	15640872974217956428	2	139								

图2-46 统计订单最小交易金额

4. 数据透视表的应用

数据透视表可以对数据进行汇总、筛选和重组，快速生成简洁清晰的汇总报表，并能随时调整报表内容，可以帮助我们更好地理解和分析数据。老李交给小艾一张存储了采集数据的表格，让她尝试使用数据透视表来统计分析其中的数据。具体操作如下。

步骤 01 打开"数据透视表的应用.xlsx"素材文件（配套资源:\素材\项目二\数据透视表的应用.xlsx），选择包含数据的单元格，在【插入】/【表格】组中单击"数据透视表"按钮 ⬚。

步骤 02 打开"来自表格或区域的数据透视表"对话框，默认"表/区域"文本框中引用的单元格区域，选中"新工作表"单选项，单击 确定 按钮，如图2-47所示。

图2-47 创建数据透视表

步骤 03 Excel将新建一张工作表，并创建空白数据透视表。在"数据透视表字段"任务窗格中将"类目"字段拖曳至下方的"行"列表框中，将"销售额/元"字段拖曳至"值"列表框，此时将统计出全年不同类目商品的销售额，如图2-48所示。

图2-48　全年不同类目商品的销售额统计

步骤 04 将"月份"字段拖曳至"筛选"列表框，在数据透视表上方单击出现的"月份"字段右侧的下拉按钮，在弹出的下拉列表中选中"选择多项"复选框，然后仅选中上半年6个月份对应的复选框，单击 确定 按钮，此时将统计各类目上半年的销售额，如图2-49所示。

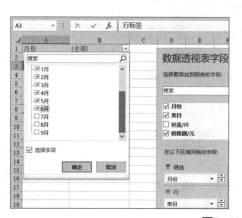

图2-49　筛选数据

步骤 05 将"值"列表框中的"销售额/元"字段拖曳出"数据透视表字段"任务窗格，将该字段删除，然后将"销量/件"字段拖曳至"值"列表框，此时将统计出各类目上半年的销量，如图2-50所示（配套资源:\效果\项目二\数据透视表的应用.xlsx）。

图2-50　各类目上半年的销量统计

💡 **知识窗**

在"值"列表框中单击添加的某个字段右侧的下拉按钮，在弹出的下拉列表中选择"值字段设置"选项，打开"值字段设置"对话框，在"值汇总方式"选项卡中可设置该字段的汇总方式，如求和、计数、平均值等。

💡 **知识窗**

👤 活动三　清洗数据

小艾在某网站上采集了一些电子商务数据，打开文件后才发现里面的数据存在问题，有的数据日期格式不一致，如"2023-10-12"和"20231012"，有的数据类型错误，如销量数据显示为"¥54.00"，有的数据出现逻辑错误，如年龄显示为"0"，还有的数据存在大量缺失……老李了解情况后，告诉小艾不必苦恼，可以使用 Excel 对这些数据进行清洗处理，使数据具有分析价值。

1. 处理缺失值

当采集的数据中存在缺失值时，应根据实际情况选择不同的方式进行处理。

- **删除缺失值。**当采集到的数据量很大，使得即便删除若干数据也不会影响数据质量时，就可以采取删除的方式处理缺失值。

- **修补缺失值。**如果能够判断出缺失数据的内容，应该及时修补缺失数据；如果无法判断，可以考虑使用平均数、众数（一组数据中出现次数最多的数据）等合理的方法预测缺失数据。但切记不能为了补全数据而任意填写，造成数据出现错误。

微课视频

处理缺失值

小艾在某招聘网站采集了数据分析师的招聘数据，发现应届毕业生对应的学历数据缺失，接下来她将按照老李介绍的方法来修补这些缺失的数据。具体操作如下。

步骤 01 打开"修补缺失值.xlsx"素材文件（配套资源:\素材\项目二\修补缺失值.xlsx），在【开始】/【编辑】组中单击"查找和选择"下拉按钮 🔍，在弹出的下拉列表中选择"定位条件"选项。

步骤 02 打开"定位条件"对话框，选中"空值"单选项，单击 确定 按钮，如图2-51所示。

图2-51 定位空值

步骤 03 Excel将自动选择所有空值单元格。观察应届毕业生对应的月薪，其范围大致在本科有1~3年工作经验和硕士的月薪之间，依据常理推断空值内容应该为"本科双学位"学历。因此直接在一个空值单元格中输入"本科双学位"，按【Ctrl+Enter】组合键同时在所选的多个单元格中输入相同数据（配套资源:\效果\项目二\修补缺失值.xlsx），如图2-52所示。

序号	职位	工作地点	月薪/元	工作经验	学历
1	数据分析师	杭州	12000~24000	1~3年	大专
2	数据分析师	北京	12000~24000	3~5年	大专
3	数据分析师	杭州	12000~24000	1年以内	本科
4	数据分析师	北京	12000~24000	1年以内	本科
5	数据分析师	上海	15000~26000	应届毕业生	本科双学位
6	数据分析师	上海	15000~20000	1~3年	大专
7	数据分析师	上海	15000~20000	3~5年	大专
8	数据分析师	上海	15000~20000	1年以内	本科
9	数据分析师	北京	15000~25000	1~3年	本科
10	数据分析师	广州	15000~25000	应届毕业生	本科双学位
11	数据分析师	深圳	15000~25000	应届毕业生	本科双学位
12	数据分析师	北京	15000~30000	1~3年	大专
13	数据分析师	北京	15000~30000	1年以内	本科
14	数据分析师	北京	17000~30000	1~3年	本科
15	数据分析师	北京	20000~25000	应届毕业生	本科双学位
16	数据分析师	杭州	20000~30000	1~3年	本科
17	数据分析师	深圳	20000~30000	应届毕业生	本科双学位
18	数据分析师	北京	20000~30000	应届毕业生	本科双学位
19	数据分析师	杭州	20000~30000	应届毕业生	本科双学位
20	数据分析师	深圳	20000~30000	应届毕业生	本科双学位
21	数据分析师	上海	20000~30000	应届毕业生	本科双学位
22	数据分析师	北京	15000~30000	应届毕业生	本科双学位
23	数据分析师	北京	20000~40000	3~5年	大专
24	数据分析师	深圳	20000~40000	3~5年	大专

图2-52 补全空值

动手做

删除空值所在的数据记录

假设无法推断出应届毕业生对应的学历，小艾则需要考虑删除学历为空值的招聘数据记录。请利用定位空值的功能，结合【Ctrl】键加选空值所在的招聘数据记录，然后将这些记录删除。

2. 修复错误值

对一些明显错误的数据，Excel 会显示错误信息，以提醒用户及时修复错误值。不同的错误，显示的错误信息各不相同，通过这些信息就能知道产生错误的原因，以便解决错误。表 2-1 所示为 Excel 中常见的几种错误信息，以及错误产生的原因和解决方法。

表 2-1　Excel 常见错误信息汇总

符号	产生原因	解决方法
#####!	①单元格中的数字、日期或时间数据长度大于单元格宽度 ②单元格中的日期或时间公式产生了负值	①拖曳列标增加单元格列宽 ②更正公式或将单元格格式设置为非日期和时间型数据
#VALUE!	①需要数字或逻辑值时输入了文本 ②将单元格引用、公式或函数作为数组常量输入 ③赋予需要单一数值的运算符或函数一个数值区域	①确认公式或函数所需的运算符或参数正确，并且公式引用的单元格中包含有效的数值 ②确认数组常量不是单元格引用、公式或函数 ③将数值区域改为单一数值
#DIV/O!	①公式中的除数使用了指向空白单元格或包含零值单元格的引用 ②输入的公式中包含明显的除数零	①修改单元格引用，或在用作除数的单元格中输入不为零的值 ②将零改为非零值
#NAME?	①删除了公式中使用的名称，或使用了不存在的名称 ②名称出现拼写错误 ③公式中输入文本时未使用双引号 ④单元格区域引用时缺少冒号	①确认使用的名称确实存在 ②修改拼写错误的名称 ③用半角双引号引用公式中的文本 ④确认公式中使用的单元格区域引用均使用了英文状态下的冒号

（续表）

符号	产生原因	解决方法
#N/A	①查找值不在查找区域内 ②查找值的类型与查找区域内值的类型不同 ③查找值所在单元格内存在空白单元格	①在查找区域中更改为正确的查找值 ②将查找值的类型设置为与查找区域一致的类型 ③删除多余单元格
#REF!	删除了由其他公式引用的单元格或将单元格粘贴到由其他公式引用的单元格中	更改公式或在删除或粘贴单元格之后，单击快速访问工具栏中的"撤销"按钮
#NULL !	使用了不正确的区域运算符或引用的单元格区域的交集为空	更改区域运算符使之正确，或更改引用的单元格区域使之相交
#NUM!	公式或函数中的某个数值出现问题	更正错误的数值

修复错误值一般可以利用 IFERROR 函数实现，该函数的语法格式为" = IFERROR(value, value_if_error)"，其中，参数"value"表示当不存在错误时的取值，参数"value_if_error"为存在错误时的取值。小艾在采集某商品的库存数据时，由于部分 SKU 数据无法采集，对应的库存周转率结果错误，下面需要利用 IFERROR 函数进行修复。具体操作如下。

步骤 01 打开"修复错误值.xlsx"素材文件（配套资源:\素材\项目二\修复错误值.xlsx），选择F2:F25单元格区域。

微课视频

修复错误值

步骤 02 在原有公式的基础上，将其作为IFERROR函数的第1个参数，将第2个参数设置为""/""，完整公式内容为"=IFERROR(B2/((C2+D2)/2),"/")"，表示如果不存在错误，则显示"B2/((C2+D2)/2"的计算结果，如果存在错误，则显示"/"，如图2-53所示。

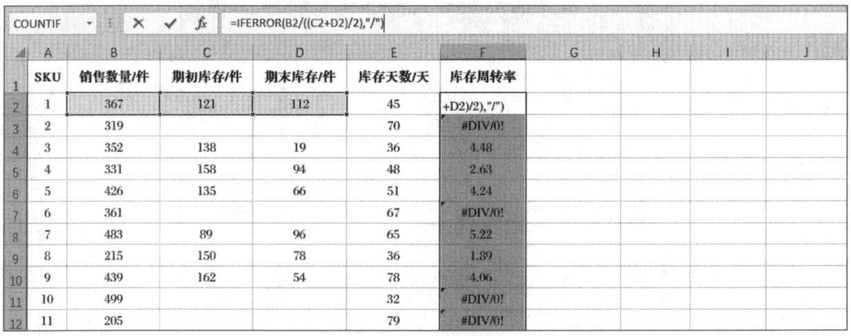

图2-53　输入公式

步骤 03 按【Ctrl+Enter】组合键完成计算，此时错误值所在单元格的内容将修复为"/"（配套资源:\效果\项目二\修复错误值.xlsx），如图2-54所示。

	A	B	C	D	E	F	G	H	I	J
1	SKU	销售数量/件	期初库存/件	期末库存/件	库存天数/天	库存周转率				
2	1	367	121	112	45	3.15				
3	2	319			70	/				
4	3	352	138	19	36	4.48				
5	4	331	158	94	48	2.63				
6	5	426	135	66	51	4.24				
7	6	361			67	/				
8	7	483	89	96	65	5.22				
9	8	215	150	78	36	1.89				
10	9	439	162	54	78	4.06				
11	10	499			32	/				
12	11	205			79	/				

图2-54　修复错误值

3. 统一数据格式

统一数据格式可以有效提高所采集数据的质量。在 Excel 中，可以利用数据类型设置，以及查找与替换功能来统一数据格式。小艾准备利用这些功能，将采集到的竞争对手订单数据中不同的数据格式进行统一处理。具体操作如下。

步骤 01 打开"统一数据格式.xlsx"素材文件（配套资源:\素材\项目二\统一数据格式.xlsx），选择C2:C17单元格区域，在【开始】/【数字】组中单击"展开"按钮。

步骤 02 打开"设置单元格格式"对话框的"数字"选项卡，在"分类"列表框中选择"日期"选项，在"类型"列表框中选择"2012-03-14"选项，单击 确定 按钮，如图2-55所示。

图2-55　设置日期格式

步骤 03 选择F2:F17单元格区域，按【Ctrl+H】组合键打开"查找和替换"对话框的"替换"选项卡，在"查找内容"文本框中输入"圆通公司"，在"替换为"文本框中输入"圆通"，依次单击 全部替换(A) 按钮和 确定 按钮，如图2-56所示。

步骤 04 重新在"替换"选项卡中设置将"YT"修改为"圆通"，然后依次单击 全部替换(A) 按钮和 确定 按钮替换数据，如图2-57所示，然后单击 关闭 按钮。

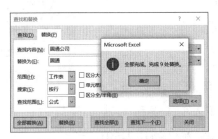

图2-56　查找并替换数据1

图2-57　查找并替换数据2

步骤 05 此时表格中的订单创建时间和物流公司的数据格式全部统一，效果如图2-58所示（配套资源:\效果\项目二\统一数据格式.xlsx）。

	订单编号	产品名称	订单创建时间	交易数量/件	交易金额/元	物流公司
2	15649747358558388848	新款百搭男裤束脚宽松直筒运动工装裤子男款	2023-10-16	1	299	圆通
3	15647920347708840748	秋冬立领开衫外套休闲裤两件套	2023-10-14	1	169	圆通
4	26265044544229923826	男运动休闲舒适百搭简约圆领卫衣长裤两件套	2023-10-16	2	99	圆通
5	15647177654785576149	新款男休闲套装立领开衫卫衣克外套长裤潮流两件套	2023-10-15	1	257	圆通
6	15644622038091176790	运动套装加厚跑步健身休闲篮球服两件套	2023-10-16	1	207	圆通
7	15643307669352545691	运动套装宽松晨跑速干衣	2023-10-16	1	199	圆通
8	15640872974217758896	秋季外套运动裤跑步两件套男子休闲卫衣健身运动服	2023-10-16	2	219	圆通
9	26256902078682891863	运动套装男士春秋季中老年爸爸装跑步运动服外套	2023-10-16	1	188	圆通
10	15649725915538820	春秋季工装夹克外套加绒上衣	2023-10-15	1	399	圆通
11	15647920347708329106	男休闲运动潮牌宽松两件套	2023-10-16	2	99	圆通
12	26265044544229701447	男服季卫衣套运动休闲健身衣衫休闲篮球服两件套	2023-10-15	1	219	圆通
13	15647177654785600052	男套装休闲两件套春秋款外套运动裤男装	2023-10-16	1	189	圆通

图2-58　统一数据格式后的效果

4. 修复逻辑错误

数据的逻辑错误主要是指违反了逻辑规律产生的错误，数据分析人员只有具备认真细致的工作态度和可靠的专业知识，才能容易找到逻辑问题。总体而言，数据出现的逻辑错误主要有3种常见类型。

- **数据不合理**。如客户年龄300岁、消费金额 −50 元等，这类数据明显不符合客观情况。

- **数据自相矛盾**。如客户出生年份为2003年，但在2023年时年龄却显示为30岁。

- **数据不符合规则**。如限购 1 件的商品，购买数量却显示为 5 件。

在 Excel 中修复逻辑错误首先应当标记出这些错误，然后通过核对、检查等工作来修改数据。为了让小艾学会标记逻辑错误数据的方法，老李以店铺流量数据为例，通过标记店铺来访数据中的店内跳转人数和跳出本店人数给小艾介绍条件格式功能的使用方法。具体操作如下。

步骤 01 打开"修复逻辑错误.xlsx"素材文件（配套资源:\素材\项目二\修复逻辑错误.xlsx），选择E2:E20单元格区域，在【开始】/【样式】组中单击"条件格式"下拉按钮，在弹出的下拉列表中选择"新建规则"选项。

微课视频

修复逻辑错误

步骤 02 打开"新建格式规则"对话框，在"选择规则类型"列表框中选择"使用公式确定要设置格式的单元格"选项，在下方的文本框中输入公式"=$E2>$B2"，表示依次比较店内跳转人数是否大于对应的访客数，单击右侧的 格式(F)... 按钮，如图2-59所示。

步骤 03 打开"设置单元格格式"对话框，在"字形"列表框中选择"加粗"选项，在"颜色"下拉列表中选择"红色"选项，表示对符合设置条件的单元格数据进行加粗描红显示，单击 确定 按钮，如图2-60所示。

图2-59 设置规则

图2-60 设置标记格式

04 返回"新建格式规则"对话框，单击 确定 按钮。

 05 此时所有的店内跳转人数大于访客数的逻辑错误数据都将被标记出来。按相同方法以"=$F2>$E2"的规则标记跳出本店人数大于店内跳转人数的逻辑错误数据（配套资源:\效果\项目二\修复逻辑错误.xlsx），如图2-61所示。

来源	访客数/位	浏览量/次	浏览量占比	店内跳转人数/位	跳出本店人数/位
WAP淘宝	1	1	0.02%	0	1
购物车	353	1,042	18.69%	2,160	2,330
每日好店	1	2	0.04%	1	0
手淘拍立淘	235	399	7.16%	75	194
手淘其他店铺	5	22	0.39%	5	4
手淘其他店铺商品详情	37	87	1.56%	300	17
手淘扫一扫	1	1	0.02%	1	0
手淘首页	193	331	5.94%	195	63
手淘搜索	255	404	7.25%	160	1,333
手淘旺信	39	124	2.22%	29	26
手淘微淘	3	9	0.16%	2	2
手淘问大家	32	54	0.97%	30	6
手淘我的评价	11	40	0.72%	11	6
手淘消息中心	8	25	0.45%	7	5
手淘找相似	7	7	0.13%	4	3
淘宝客	11	28	0.50%	10	7
淘内免费其他	688	1,724	30.93%	3,040	580
我的淘宝	432	1,182	21.21%	343	1,910
直通车	44	73	1.31%	39	8

图2-61 标记出逻辑错误数据

知识窗

单击"条件格式"下拉按钮后，在弹出的下拉列表中选择"突出显示单元格规则"选项，可指定以某个数值为界限，标记出大于或小于该数据的数据；选择"最前/最后规则"选项，可标记出前10位或后10位等数据；选择"数据条""色阶""图标集"选项，还可以为所选单元格区域快速应用图形化条件格式。

知识窗

5. 清洗重复数据

当采集的数据量较大时，可以利用 Excel 的删除重复值功能，去掉数据中可能存在的重复记录。具体操作如下。

 01 打开"清洗重复数据.xlsx"素材文件（配套资源:\素材\项目二\清洗重复数据.xlsx），在【数据】/【数据工具】组中单击"删除重复值"按钮，打开"删除重复值"对话框，单击 取消全选(U) 按钮，然后仅选中"测试产品编号"复选框，单击 确定 按钮，如图2-62所示。

微课视频

清洗重复数据

图2-62 设置检查的字段

步骤 02 打开对话框，提示去除了3个重复值，单击 确定 按钮（配套资源:\效果\项目二\清洗重复数据.xlsx），如图2-63所示。

测试产品编号	客单价/元	毛利/元	访客数/位	点击量/次	交易量/件	收藏量/件	加购量/件	点击率	转化率	收藏率	加购率
19112601	75	30	1,173	128	27	38	25	0.11	0.02	0.03	0.02
19102218	88	40	986	112	33	46	34	0.11	0.03	0.05	0.03
19112623	125	55	1,020	105	21	42	20	0.10	0.02	0.04	0.02
19101519	99	45	1,547						0.02	0.02	0.02
19110527	69	30	867						0.04	0.06	0.03
19010707	112	55	952						0.03	0.05	0.03
19111103	162	60	986						0.03	0.05	0.02
19121226	138	45	867						0.04	0.07	0.02
19121233	462	120	1,530	125	32	54	28	0.08	0.02	0.04	0.02

Microsoft Excel
发现了 3 个重复值，已将其删除；保留了 15 个唯一值。
确定

图2-63 检查并删除重复数据

活动四 转化数据

除了一些需要清洗的数据外，小艾发现有些数据并没有严重的错误，只是需要进行一定的转化，如行列数据互换、数据内容提取、数据分列显示、数据重新排列等。老李告诉她，这些操作同样可以利用 Excel 实现。

1. 转换数据行列

数据行列的转换在 Excel 中称为"转置"，指的是将原来各条数据记录的首列内容转置为数据的各个项目，将原来的各个项目转置为数据记录的首列内容，从而实现将当前各列内容转置为横向的各条数据记录。在 Excel 中可以直接使用选择性粘贴功能来完成数据行与列的转换。具体操作如下。

步骤 01 打开"转换数据行与列.xlsx"素材文件（配套资源:\素材\项目二\转换数据行与列.xlsx），选择A1:E4单元格区域，按【Ctrl+C】组合键复制。

步骤 02 选择A5单元格，在【开始】/【剪贴板】组中单击

微课视频

转换数据行与列

"粘贴"按钮📋下方的下拉按钮⌄，在弹出的下拉列表中单击"粘贴"栏中的"转置"按钮📋，如图2-64所示。

图2-64　单击"转置"按钮

步骤 03 将指针放在第1行行号上，按住鼠标左键不放并拖曳至第4行行号，选择这4行单元格，然后在选择的行号上单击鼠标右键，在弹出的快捷菜单中选择"删除"命令，如图2-65所示。

图2-65　删除原有数据

步骤 04 原数据中作为字段的各个季度名称成了各条数据记录的首列内容，而原各条数据记录的首列内容则转变为字段，如图2-66所示（配套资源\效果\项目二\转换数据行与列.xlsx）。

	A	B	C	D	E	F	G	H	I
1		销量/件	销售额/元	利润/元					
2	第一季度	102411	18984913	1763436					
3	第二季度	179877	25953733	2422992					
4	第三季度	119654	13938011	1584754					
5	第四季度	106337	17819958	1401230					
6									

图2-66　转换行与列后的效果

2. 提取数据

数据提取操作，可以将采集到的数据中有用的部分提取出来。在 Excel 中可以使用 LEFT 函数、MID 函数和 RIGHT 函数来实现数据提取工作。

- LEFT 函数。其语法格式为 "=LEFT(text, num_chars)"，表示从指定的单元格中返回左侧的 1 个或多个字符。例如，A1 单元格中的数据为 "提取采集到的数据"，则输入函数 "=LEFT(A1,1)" 将返回 "提"，输入函数 "=LEFT(A1,2)" 则将返回 "提取"。

- MID 函数。其语法格式为 "=MID(text, start_num, num_chars)"，表示从指定单元格中的指定位置返回 1 个或多个字符。例如，A1 单元格中的数据为 "提取采集到的数据"，则输入函数 "=MID(A1,3,2)" 将返回 "采集"，输入函数 "=MID(A1,5,4)" 将返回 "到的数据"。

- RIGHT 函数。其语法格式为 "=RIGHT(text, num_chars)"，表示从指定的单元格中返回右侧的 1 个或多个字符。例如，A1 单元格中的数据为 "提取采集到的数据"，则输入函数 "=RIGHT(A1,1)" 将返回 "据"，输入函数 "=RIGHT(A1,2)" 将返回 "数据"。

小艾学会提取数据的方法后，准备利用所学知识提取商品系列数据。具体操作如下。

步骤 01 打开 "提取数据内容.xlsx" 工作表（配套资源:\素材\项目二\提取数据内容.xlsx），选择C2:C21单元格区域，在编辑栏中输入 "=LEFT(A2,1)"，按【Ctrl+Enter】组合键提取商品编号中的第一个字符，如图2-67所示。

微课视频

提取数据内容

	A	B	C	D	E	F	G
1	产品编号	类别	产品系列	销量/件	上月结存/件	本月进货/件	本月库存/件
2	S-V-702N	运动套装	S	1373	774	649	50
3	P-S-952	运动裤系列	P	1169	111	1877	819
4	J-D-226	上衣系列	J	727	859	751	883
5	S-V-608	运动套装	S	1594	587	1649	642
6	P-S-265N	运动裤系列	P	1526	366	2154	994
7	J-V-521	上衣系列	J	897	706	564	373
8	S-D-845	运动套装	S	1067	672	1237	842
9	J-S-623N	上衣系列	J	895	366	1371	842
10	P-D-703	运动裤系列	P	1135	383	1207	455
11	S-V-304N	运动套装	S	1169	587	1156	574

C2 单元格公式 fx =LEFT(A2,1)

图2-67 提取数据

步骤 02 继续在编辑栏的公式后输入 "&"系列""，表示将提取到的数据与 "系列" 二字连接起来显示，按【Ctrl+Enter】组合键返回结果，如图2-68所示（配套资源:\效果\项目二\提取数据内容.xlsx）。

	A	B	C	D	E	F	G	H	I	J
	C2	▾ : × ✓ fx	=LEFT(A2,1)&"系列"							
1	产品编号	类别	产品系列	销量/件	上月结存/件	本月进货/件	本月库存/件			
2	S-V-702N	运动套装	S系列	1373	774	649	50			
3	P-S-952	运动裤系列	P系列	1169	111	1877	819			
4	J-D-226	上衣系列	J系列	727	859	751	883			
5	S-V-608	运动套装	S系列	1594	587	1649	642			
6	P-S-265N	运动裤系列	P系列	1526	366	2154	994			
7	J-V-521	上衣系列	J系列	897	706	564	373			
8	S-D-845	运动套装	S系列	1067	672	1237	842			
9	J-S-623N	上衣系列	J系列	895	366	1371	842			
10	P-D-703	运动裤系列	P系列	1135	383	1207	455			
11	S-V-304N	运动套装	S系列	1169	587	1156	574			
12	P-S-212	运动裤系列	P系列	1356	111	1734	489			
13	J-V-212N	上衣系列	J系列	1339	706	700	67			

图2-68　完善数据

3. 分列数据

在 Excel 中可以将指定的列按某种符号或特定的宽度进行分隔，将其分成若干列，这需要利用 Excel 的"分列"功能，并根据"文本分列向导"对话框的提示处理。小艾现在需要将"搜索值属性"列分为"搜索值"列和"属性"列。具体操作如下。

微课视频

分列数据

步骤 01 打开"分列数据.xlsx"素材文件（配套资源:\素材\项目二\分列数据.xlsx），单击B列列标选择该列，在【数据】/【数据工具】组中单击"分列"按钮 。

步骤 02 打开"文本分列向导"对话框，选中"固定宽度"单选项，通过指定宽度的方式进行分列，单击 下一步(N) > 按钮，如图2-69所示。

步骤 03 此时向导将提示分列的建立、清除和移动方法，在标尺上的合适位置单击，建立分列线，单击 下一步(N) > 按钮，如图2-70所示。

图2-69　设置分列方式

图2-70　指定分列位置

步骤 04 在打开的对话框中可任意选择"数据预览"栏中分列后的某个列，并在上方设置其数据格式，这里保持默认设置，直接单击 完成(F) 按钮完成分列操作，如图2-71所示（配套资源:\效果\项目二\分列数据.xlsx）。

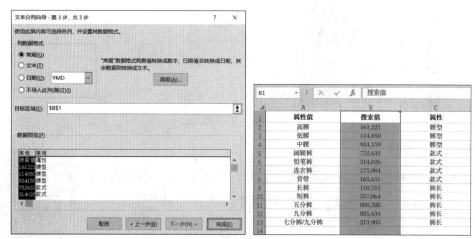

图2-71 分列后的效果

4. 重新排列数据

为了更好地分析采集到的数据，有时需要对数据重新排列，如查看销量较好的商品数据、查看投诉较多的客服人员数据等。Excel 提供多种排列数据的方法，包括快速排序、关键字排序、自定义排序等，以便满足实际工作中数据排列的需求。

- **快速排序**。所谓快速排序，是指利用功能区的排序按钮快速实现数据排序的目的。其方法为：选择需排序的数据区域后，单击【数据】/【排序和筛选】组中的"升序"按钮↓或"降序"按钮↓。

- **关键字排序**。关键字排序可以通过指定更多的关键字来实现精确排列数据。其方法为:选择需排序的数据区域，单击"排序和筛选"组中的"排序"按钮，打开"排序"对话框，在其中设置关键字、排序依据和次序，并可通过单击 添加条件(A) 按钮添加关键字进行设置。"排序"对话框如图 2-72 所示。

- **自定义排序**。自定义排序可以更加精确地控制数据的排列顺序。其方法为：在"排序"对话框中选择"次序"下拉列表中的"自定义序列"选项，打开"自定义序列"对话框，在"输入序列"列表框中输入排序依据，输入各依据时按【Enter】键分段输入，完成后单击 添加(A) 按钮和 确定 按钮。"自定义序列"对话框如图 2-73 所示。

图2-72 "排序"对话框

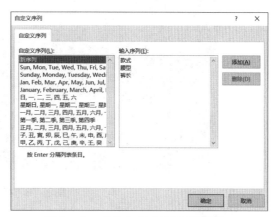

图2-73 "自定义序列"对话框

　　小艾采集了客服人员的接待数据，数据内容按照客服人员的工号排列，现在小艾需要按客服部门重新排列数据，同部门的客服人员则按接待人数的多少从高到低显示。具体操作如下。

步骤 01 打开"排列数据.xlsx"素材文件（配套资源:\素材\项目二\排列数据.xlsx），选择A1:D10单元格区域，在【数据】/【排序和筛选】组中单击"排序"按钮⚡️。

微课视频

排列数据

步骤 02 打开"排序"对话框，在"主要关键字"下拉列表中选择"部门"选项，单击 ⚡️添加条件(A) 按钮，如图2-74所示。

步骤 03 在"次要关键字"下拉列表中选择"接待人数/位"选项，在对应的"次序"下拉列表中选择"降序"选项，然后单击 确定 按钮，如图2-75所示。

图2-74 设置排序的主要关键字

图2-75 设置排序的次要关键字

步骤 04 此时数据将按照部门重新排列，相同部门的客服人员数据则按接待人数从高到低显示，如图2-76所示（配套资源:\效果\项目二\排列数据.xlsx）。

工号	姓名	部门	接待人数/位
FY002	宋子丹	客服二部	993
FY013	李雪莹	客服二部	893
FY020	陈芳	客服二部	560
FY006	邓荣芳	客服三部	915
FY019	顾晓华	客服三部	861
FY016	王彤彤	客服三部	542
FY007	孙莉	客服一部	811
FY001	张敏	客服一部	660
FY003	黄晓霞	客服一部	598

图2-76 排序后的效果

动手做

重新按部门排列数据

图2-76中，无论是升序排列还是降序排列，部门数据都无法按照从客服一部到客服二部，再到客服三部的方式显示。请尝试使用自定义排序的方法，精确控制部门数据的显示顺序，实现从客服一部到客服二部，再到客服三部的排列效果。

活动五 计算数据

在前面学习数据的分类统计时，小艾初步认识了Excel的公式和函数。本次活动老李将系统地教会小艾使用公式与函数来完成数据的计算操作。

1. 常规计算

常规计算包括公式计算与函数计算，大多数的电子商务数据可通过常规计算得到。图2-77所示为Excel中的公式示例，它全面展示了公式和函数的组成情况。

单元格引用 常量 函数 单元格区域引用

$$= C1×36+SUM(A1:A9)$$

运算符 运算符

图2-77 Excel的公式结构

- **常量**。常量是不会变化的数据，如数字和文本，文本需用英文状态下的引号括起来。
- **运算符**。运算符是公式进行运算的符号，如加号"+"、乘号"×"、除号

"/"等。

- **单元格（区域）引用**。单元格（区域）引用即单元格地址，代表计算该地址所对应的单元格（区域）中的数据，使用公式或函数时可直接选择单元格引用其地址。
- **函数**。函数可单独使用，也可当作公式或函数中的参数使用，单独使用时需要以"="开头。

如果公式中含有单元格引用，则移动、复制公式时会涉及单元格引用的问题。具体来说，单元格引用包括相对引用、绝对引用和混合引用。

- **相对引用**。相对引用指公式或函数中引用的单元格地址会随目标单元格的位置变化而相对改变的情况。默认情况下，Excel对单元格的引用都是相对引用，移动、复制公式也会产生相对引用的效果。例如，C1单元格中的公式为"=A1+B1",将C1单元格中的公式复制到C2单元格时，其公式将变为"=A2+B2"。
- **绝对引用**。绝对引用指无论目标单元格地址如何变化，公式或函数中引用的单元格地址始终不变的情况。在引用的单元格地址行号或列标左侧加上"$",就能使相对引用变为绝对引用。例如，C1单元格中的公式为"=$A$1+$B$1",将C1单元格中的公式复制到C2单元格时，其公式同样为"=$A$1+$B$1"。在编辑栏中选择需要转换引用方式的内容，按【F4】键可以快速在相对引用和绝对引用之间转换。
- **混合引用**。混合引用指单元格引用中既有相对引用，也有绝对引用的情况。例如，C1单元格中的公式为"=$A$1+B1",将C1单元格中的公式复制到C2单元格时，其公式将变为"=$A$1+B2"。

老李采集几个门店上半年的销售与投入数据后，让小艾使用公式计算各门店上半年的销售总额与投入产出比。具体操作如下。

步骤 01 打开"常规计算.xlsx"素材文件（配套资源:\素材\项目二\常规计算.xlsx），选择E2:E6单元格区域，在编辑栏中输入"=",选择B2单元格引用其地址，继续输入"+",然后选择C2单元格引用其地址，如图2-78所示。

微课视频

常规计算

步骤 02 按【Ctrl+Enter】组合键快速计算各门店上半年的销售总额，如图2-79所示。

图2-78　输入公式

图2-79　计算销售总额

步骤 03 选择F2:F6单元格区域，在编辑栏中输入"="，选择E2单元格引用其地址，继续输入"/"，选择D2单元格引用其地址，如图2-80所示。

步骤 04 按【Ctrl+Enter】组合键快速计算各门店上半年的投入产出比，如图2-81所示（配套资源:\效果\项目二\常规计算.xlsx）。

图2-80　输入公式

图2-81　计算投入产出比

2. 日期计算

日期计算在电子商务数据处理中也较为常见，可借助 Excel 中的日期函数进行日期计算。

- **DAYS 函数**。此函数用于统计两个日期之间的天数，其语法格式为"=DAYS(End_date, Start_date)"。其中，参数"End_date"是结束日期，参数"Start_date"是开始日期,如输入函数"=DAYS(2022/10/5,2023/11/14)"将返回"405"。

- **DATEDIF 函数**。此函数用于统计两个日期之间的年数、月数或天数，其语法格式为"= DATEDIF(Start_date,End_date,Unit)"。其中,参数"Start_ date"是开始日期，参数"End_date"是结束日期，这两个参数的位置与 DAYS 函数中两个参数的位置相反，参数"Unit"用于决定统计的是年数、月数还是天数，""Y""表示统计年数、""M""表示统计月数、""D""表示统计天数，如输入函数"=DATEDIF(2023/11/14,2022/10/5,"M")"将返回"13"，表示相隔 13 个月。

- **TODAY 函数**。此函数用于返回计算机系统中今天的日期数据，其语法格式为"= TODAY()"。

小艾采集了一批客户首次下单和最近下单的日期数据，现在需要在 Excel 中计算这些客户下单的间隔天数和间隔月数。具体操作如下。

微课视频

日期计算

步骤 01 打开"日期计算.xlsx"素材文件（配套资源:\素材\项目二\日期计算.xlsx），选择D2:D17单元格区域，在编辑栏中输入"=DAYS()"，在括号中单击，选择C2单元格引用其地址，继续输入","，然后选择B2单元格引用其地址，如图2-82所示。

图2-82　输入函数

步骤 02 按【Ctrl+Enter】组合键快速计算各客户下单的间隔天数，如图2-83所示。

	A	B	C	D	E	F
1	客户编号	首次下单时间	最近下单时间	间隔天数/天	间隔月数/月	
2	FYNZTZ00001	2022-10-16	2023-03-04	139		
3	FYNZTZ00002	2021-04-29	2023-05-10	741		
4	FYNZTZ00003	2021-12-05	2023-11-27	722		
5	FYNZTZ00004	2021-10-15	2023-08-16	670		
6	FYNZTZ00005	2022-07-11	2023-09-25	441		
7	FYNZTZ00006	2021-02-05	2023-07-05	880		
8	FYNZTZ00007	2021-10-16	2023-10-13	727		
9	FYNZTZ00008	2021-08-19	2023-11-07	810		
10	FYNZTZ00009	2021-04-12	2023-07-19	828		
11	FYNZTZ00010	2023-10-27	2023-12-06	40		
12	FYNZTZ00011	2022-12-30	2023-05-30	151		
13	FYNZTZ00012	2021-09-04	2023-12-22	839		

图2-83　计算间隔天数

步骤 03 选择E2:E17单元格区域，在编辑栏中输入"=DATEDIF()"，在括号中单击，选择B2单元格引用其地址，继续输入"，"，选择C2单元格引用其地址，继续输入"，"，然后输入""M""，如图2-84所示。

步骤 04 按【Ctrl+Enter】组合键快速计算各客户下单的间隔月数，如图2-85所示（配套资源:\效果\项目二\日期计算.xlsx）。

COUNTIF			× ✓ ƒx	=DATEDIF(B2,C2,"M")		
	A	B	C	D	E	F
1	客户编号	首次下单时间	最近下单时间	间隔天数/天	间隔月数/月	
2	FYNZTZ00001	2022-10-16	2023-03-04	139	32,C2,"M")	
3	FYNZTZ00002	2021-04-29	2023-05-10	741		
4	FYNZTZ00003	2021-12-05	2023-11-27	722		
5	FYNZTZ00004	2021-10-15	2023-08-16	670		
6	FYNZTZ00005	2022-07-11	2023-09-25	441		
7	FYNZTZ00006	2021-02-05	2023-07-05	880		
8	FYNZTZ00007	2021-10-16	2023-10-13	727		
9	FYNZTZ00008	2021-08-19	2023-11-07	810		
10	FYNZTZ00009	2021-04-12	2023-07-19	828		
11	FYNZTZ00010	2023-10-27	2023-12-06	40		
12	FYNZTZ00011	2022-12-30	2023-05-30	151		
13	FYNZTZ00012	2021-09-04	2023-12-22	839		

图2-84　输入函数

E2			× ✓ ƒx	=DATEDIF(B2,C2,"M")		
	A	B	C	D	E	F
1	客户编号	首次下单时间	最近下单时间	间隔天数/天	间隔月数/月	
2	FYNZTZ00001	2022-10-16	2023-03-04	139	4	
3	FYNZTZ00002	2021-04-29	2023-05-10	741	24	
4	FYNZTZ00003	2021-12-05	2023-11-27	722	23	
5	FYNZTZ00004	2021-10-15	2023-08-16	670	22	
6	FYNZTZ00005	2022-07-11	2023-09-25	441	14	
7	FYNZTZ00006	2021-02-05	2023-07-05	880	29	
8	FYNZTZ00007	2021-10-16	2023-10-13	727	23	
9	FYNZTZ00008	2021-08-19	2023-11-07	810	26	
10	FYNZTZ00009	2021-04-12	2023-07-19	828	27	
11	FYNZTZ00010	2023-10-27	2023-12-06	40	1	
12	FYNZTZ00011	2022-12-30	2023-05-30	151	5	
13	FYNZTZ00012	2021-09-04	2023-12-22	839	27	

图2-85　计算间隔月数

3. 加权计算

加权计算需要将数据与权重（即系数）相乘，这也是电子商务数据计算中常见的操作。例如，衡量两个客服部门的工作表现时，需要通过业绩表现和平时表现来综合评分，业绩表现占综合评分的70%，平时表现占综合评分的30%，这两个百分比就是权重。假设客服一部业绩表现为90分、平时表现为60分，客服二部业绩表现为60分、平时表现为90分，那么这两个部门通过加权计算后的综合评分分别为81分和69分。

微课视频

加权计算

在Excel中可以借助SUMPRODUCT函数来进行加权计算，该函数可以返回相应数组或区域乘积之和，其语法格式为"= SUMPRODUCT(Array1,Array2,Array3, ...)"，参数"Array"即数组。

小艾采集到了4个渠道在引流效果、转化率和投入产出比的得分数据以及各指标对应的权重数据，下面她将利用SUMPRODUCT函数对各渠道进行评分计算。具体操作如下。

步骤 01 打开"加权计算.xlsx"素材文件（配套资源:\素材\项目二\加权计算.xlsx），选择E2单元格，在编辑栏中输入"=SUMPRODUCT()"，在括号中单击，选择B2:D2单元格区域引用其地址，继续输入"，"，然后选择B8:D8单元格区域引用其地址，如图2-86所示。

步骤 02 按【Ctrl+Enter】组合键计算A渠道的综合得分，如图2-87所示。

图2-86　输入函数

图2-87　计算综合得分

步骤 03 在编辑栏中选择"B8:D8"部分，按【F4】键将其转化为绝对引用，如图2-88所示。

步骤 04 按【Ctrl+Enter】组合键后拖曳E2单元格右下角的填充柄至E5单元格，释放鼠标完成函数的快速填充操作，计算出其他几个渠道的综合得分，如图2-89所示（配套资源:\效果\项目二\加权计算.xlsx）。

图2-88　转化为绝对引用

图2-89　填充函数

同步实训

实训一　采集男装休闲裤数据

实训描述

　　小宇想在京东商城开设一家专卖男装休闲裤的店铺，为更好地了解京东商城销量较好的休闲裤及其价格，他准备使用八爪鱼采集器采集京东商城上的相关商品数据。

✕ 操作指南

　　使用八爪鱼采集器可以轻松采集电子商务数据，但需要注意在电子商务平台采集数据时，应将八爪鱼采集器切换为浏览模式，然后登录平台并通过设置记住登录状态。具体操作如下。

步骤 01 在浏览器中登录京东商城，在搜索框中输入"休闲裤男"并按【Enter】键显示搜索结果，单击搜索结果上方的 销量↓ 按钮，按销量从高到低排列商品，然后选择浏览器地址栏中的网址，按【Ctrl+C】组合键复制备用，如图2-90所示。

图2-90　复制网址

步骤 02 打开并登录八爪鱼采集器，将指针移至页面左上方的"新建"按钮 + 上，在弹出的下拉列表中选择"自定义任务"选项。

步骤 03 在页面的"网址"文本框中单击，使之成为可输入状态，按【Ctrl+V】组合键粘贴前面复制的网址，单击 保存设置 按钮。

步骤 04 在打开的页面中单击 取消识别 按钮，单击页面上方的"浏览模式"的"开关"按钮 ⬤⚪，开启浏览模式。输入账号和密码或扫描二维码登录京东商城。

步骤 05 单击页面右方的"高级设置"标签，在打开的选项卡中依次单击 获取当前页面Cookie 按钮和 应用 按钮，以保存京东商城的登录信息。

步骤 06 再次单击"浏览模式"的"开关"按钮 ⚪⬤，使其重新变为关闭状态，在"操作提示"页面中单击"自动识别网页内容"超链接。

步骤 07 八爪鱼采集器开始识别数据，完成后会在页面下方显示将要采集的数据内容，单击"操作提示"页面中的 生成采集设置 按钮，如图2-91所示。

步骤 **08** 单击"操作提示"页面中的"保存并开始采集"超链接，如图2-92所示。

图2-91 生成采集设置

图2-92 保存并开始采集

步骤 **09** 打开"请选择采集模式"对话框，单击"本地采集"模式下方的 普通模式 按钮。

步骤 **10** 八爪鱼采集器开始采集数据，并显示采集进度。当采集到足够的数据后，单击采集窗口右上角的 ■停止 按钮，此时将打开对话框，询问是否停止本地采集的操作，单击 确定 按钮，如图2-93所示。

步骤 **11** 打开提示采集已经停止的对话框，单击 导出数据 按钮，如图2-94所示。

图2-93 停止采集

图2-94 导出数据

步骤 **12** 打开"导出本地数据"对话框，选中"Excel(xlsx)"单选项，单击 确定 按钮，如图2-95所示。

步骤 **13** 打开"另存为"对话框，在"文件名"下拉列表中输入"男装休闲裤"，设置文件的保存位置，单击 保存(S) 按钮完成数据采集操作，如图2-96所示（配套资源:\效果\项目二\同步实训\男装休闲裤.xlsx）。

图2-95　选择导出文件类型

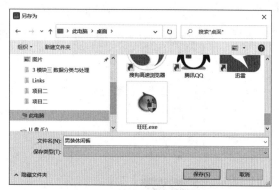

图2-96　保存数据文件

💬 实训评价

同学们完成实训操作后，提交八爪鱼采集器采集数据的流程图和采集的数据文件，老师根据流程图内容和采集的数据按表2-2所示内容进行打分。

表2-2　实训评价

序号	评分内容	总分	老师打分	老师点评
1	是否在八爪鱼采集器上登录京东商城	10		
2	能否成功采集数据	70		
3	是否将采集的数据顺利保存	20		

合计：_____

👤 实训二　处理采集到的数据

📋 实训描述

小宇为了更好地查看采集到的男装休闲裤数据，需要清除一些无用的数据字段，然后修改字段名称，适当设置数据的格式，最后根据商品价格重新排列数据。

🛠 操作指南

八爪鱼采集器通过自动识别的方式采集到的数据中，往往包含许多无用的数据字段，因此还需要对数据内容进行清洗和调整，让数据能够更加清晰直观地显示出来。具体操作如下。

步骤 01 打开"男装休闲裤.xlsx"素材文件（配套资源:\素材\项目二\同步实训\男装休闲裤.xlsx），按住【Ctrl】键的同时，依次单击B列、C列、D列、E列、F列、H列、I列、J列、K列、M列、O列和P列的列标，在任意一个选择的列标上单击鼠标右键，在弹出的快捷菜单中选择"删除"命令，如图2-97所示。

图2-97 删除字段

步骤 02 将剩余的A列至D列的字段名称分别修改为"产品标题""产品价格/元""评论数量/条"和"所在店铺"。

步骤 03 拖曳各列列标右侧的分隔线，适当调整列宽，如图2-98所示。

图2-98 调整列宽

步骤 04 选择任意包含数据的单元格，按【Ctrl+A】组合键全选所有包含数据的单元格，将字体格式设置为"方正宋三简体，10号，垂直居中"。

步骤 05 选择A1:D1单元格区域，加粗文本，并将对齐方式设置为水平居中。

步骤 06 选择B列和C列单元格，再次将对齐方式设置为水平居中，如图2-99
所示。

	A	B	C	D
1	产品标题	产品价格/元	评论数量/条	所在店铺
2	FOG SKY 牛仔裤男士秋季潮牌高街春夏直筒裤	69.90	2万+条评价	FOG SKY服饰配件旗舰店
3	线下同款安踏运动裤男士秋冬季新款休闲保暖裤	139.00	20万+条评价	安踏悠购专卖店
4	李宁（LI-NING）运动裤男裤春秋冬款收口束	99.00	2万+条评价	李宁青途专卖店
5	木林森（MULINSEN）休闲裤男潮流宽松裤子	79.00	5万+条评价	木林森（MULINSEN）男装京东自营旗舰店
6	李宁（LI-NING）运动裤男春秋款卫裤户外	139.00	5000+条评价	李宁运动鞋服京东自营专区
7	京东京造【舒适微弹】商务休闲裤男裤正装	149.00	10万+条评价	京东京造自营官方旗舰店
8	京东京造【经典系列】男士直筒牛仔裤男秋冬	99.00	20万+条评价	京东京造自营官方旗舰店
9	京东京造【高弹保型】直筒运动休闲裤男 工装	119.00	2万+条评价	京东京造自营官方旗舰店
10	HLA海澜之家休闲裤男23轻商务时尚系列舒适	178.00	2000+条评价	海澜之家京东自营旗舰店
11	安踏运动长裤男冬季直筒针织跑步长裤男常规	139.00	5万+条评价	安踏京东自营官方旗舰店
12	吉普（JEEP）休闲裤男宽松秋季直筒裤男士	168.00	1万+条评价	jeep男装京东自营专区
13	线下同款李宁加绒运动裤男秋冬季新款加厚保暖	99.00	2万+条评价	李宁鼎点专卖店
14	康坦汀 裤子男秋冬季ins高街潮牌休闲裤宽松学	39.00	5万+条评价	康坦汀旗舰店
15	361° 运动裤男士秋季休闲卫裤束脚跑步训练针	109.00	5万+条评价	361度京东自营旗舰店
16	威觉（WEIJUE）牛仔裤男秋季美式复古裤子男	49.00	5万+条评价	翔王服饰专卖店

图2-99 美化数据

步骤 07 选择A1单元格，按【Ctrl+H】组合键打开"查找和替换"对话框的
"替换"选项卡，在"查找内容"文本框中输入"条评价"，单击 全部替换(A) 按
钮，在打开的对话框中单击 确定 按钮，如图2-100所示，最后单击"查找和替
换"对话框右下角的 关闭 按钮。

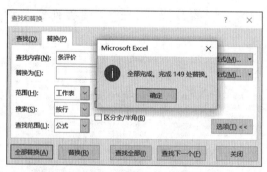

图2-100 查找和替换数据

步骤 08 选择B2单元格，在【数据】/【排序和筛选】组中单击"降序"按钮
，选择B2:B150单元格区域，单击B2单元格左侧出现的"警告"下拉按钮，
在弹出的下拉列表中选择"转换为数字"选项，如图2-101所示。

图2-101　转换数据格式

步骤 09 重新选择B2单元格，再次在【数据】/【排序和筛选】组中单击"降序"按钮 $_{A}^{Z}\downarrow$，此时将重新按照商品价格从高到低排列数据，如图2-102所示（配套资源:\效果\项目二\同步实训\处理后的数据.xlsx）。

图2-102　排列数据

💬 **实训评价**

同学们完成实训操作后，提交处理后的数据文件，老师根据数据文件的内容按表 2-3 所示内容进行打分。

表 2-3　实训评价

序号	评分内容	总分	老师打分	老师点评
1	是否删除多余数据内容	10		
2	是否设置正确的字段名称	10		
3	是否按实训内容正确美化数据	20		
4	是否清除"评论数量/条"字段下各单元格中的"条评价"内容	20		
5	是否合理调整各列列宽	20		
6	是否按商品价格降序排列数据	20		

合计：＿＿＿＿＿＿＿＿＿＿

项目总结

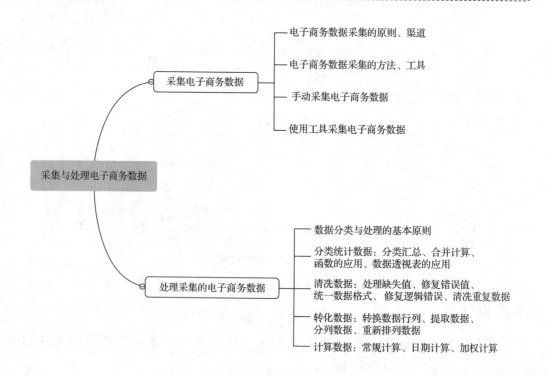

项目三
分析市场数据

职场情境

　　小艾发现公司的主要竞争对手最近推出了一系列新的商品，看上去是为抢占市场做准备，要是能够更加详细地了解市场行业和竞争对手的情况，公司就更容易在市场竞争中具备竞争力。正巧老李最近也需要分析市场数据，以便为公司后一阶段的运营工作提供数据支持，于是他找到小艾，让小艾参与分析市场行业和竞争对手的工作。

　　小艾主动接受了任务，并积极投入数据分析工作中，无论是采集数据、处理数据，还是分析数据与可视化数据，小艾都圆满地完成了任务。

学习目标

知识目标

1. 掌握 Power BI 数据分析工具的使用方法。

2. 了解赫芬达尔指数、波动系数与极差。

3. 熟悉竞争对手的界定方法。

技能目标

1. 能够分析行业的规模、变化趋势、集中度和稳定性。

2. 能够分析竞争品牌、竞争店铺和竞争商品的相关数据。

素养目标

1. 正确看待市场行业的瞬息万变，培养从容、镇定的工作态度。

2. 正确处理与竞争对手的关系，避免产生恶意竞争的想法。

任务一 分析行业数据

任务描述

小艾知道分析行业数据能够帮助公司有效了解市场行业的情况，使公司可以更好地制订相应的运营策略。本次任务小艾需要借助 Excel 和 Power BI 两种工具分析行业的规模、变化趋势、集中度、稳定性等，老李会在任务开展过程中为小艾介绍 Power BI 的相关知识，让小艾对该工具有所了解。

任务实施

活动一 分析行业规模

行业规模主要反映目标行业在指定期间（如一年）的销售额，分析行业规模有助于制订销售目标和销售计划。小艾将采集男装套装行业近 10 年的年销售额数据，然后利用 Excel 的线性趋势线功能预测未来几年该行业的规模情况。

1. 活动说明

本次活动需要采集男装套装行业近 10 年的年销售额数据，然后利用这些数据预测该行业未来几年的销售额，从而估计行业的规模大小。

- **采集数据**。行业销售数据一般可以委托第三方数据机构进行采集，也可以从生意参谋、京东商智等平台复制到 Excel 中。以生意参谋为例，可以在"市场"板块下的"市场大盘"区域切换到目标行业，然后复制对应的交易指数，依次代替行业销售额数据。
- **处理数据**。采集到数据后，在 Excel 中将数据按年份列举出来。
- **可视化数据**。利用采集到的数据创建柱形图，然后添加趋势线，利用趋势线公式预测未来几年的行业规模。

2. 活动实施

下面在 Excel 中分析男装套装行业的规模情况。具体操作如下。

微课视频

分析行业规模

步骤 01 打开"行业规模.xlsx"素材文件（配套资源:\素材\项目三\行业规模.xlsx），选择A1:B16单元格区域，在【插入】/【图表】组中单击"插入柱形图或条形图"下拉按钮 ，在弹出的下拉列表中选择第一种图表类型。

步骤 02 为图表应用"样式7"图表样式，删除图例，将横坐标轴标题和纵坐标轴标题分别修改为"年份"和"销售额/亿元"。

步骤 03 适当调整图表尺寸，将图表字体格式设置为"方正兰亭纤黑简体，10号"，如图3-1所示。

由图3-1可知，从2014年到2023年，男装套装行业的规模整体上是在扩大的。

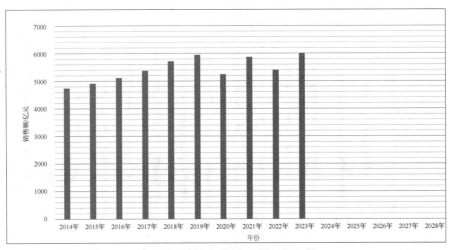

图3-1 男装套装行业近10年规模

步骤 **04** 在柱形图的数据系列上单击鼠标右键，在弹出的快捷菜单中选择"添加趋势线"命令。在打开的"设置趋势线格式"任务窗格的"趋势线选项"栏中选中"显示公式"复选框，此时趋势线上将显示公式"$y= 110.8x + 4830.2$"，如图3-2所示。

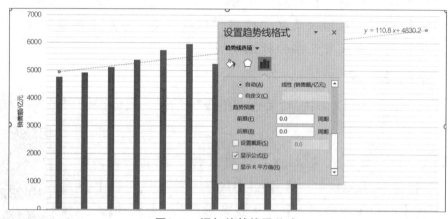

图3-2　添加趋势线及公式

步骤 **05** 选择B12单元格，根据趋势线公式，在编辑栏中输入"=110.8*11+4830.2"，按【Ctrl+Enter】组合键返回计算结果，其中"11"表示2024年是从2014年开始的第11个年份。

步骤 **06** 按相同方法计算2025年—2028年的销售额（年份分别是第12～15个），预测结果，如图3-3所示，其表明未来几年男装套装行业的市场规模整体上会扩大（配套资源:\效果\项目三\行业规模.xlsx）。

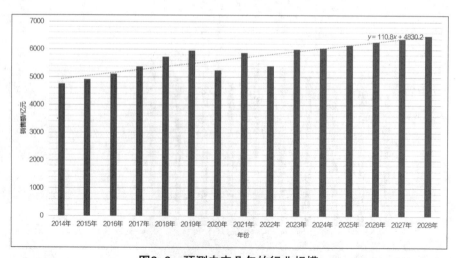

图3-3　预测未来几年的行业规模

活动二　分析行业变化趋势

由于男装套装行业中存在若干不同的类目，小艾应老李要求，需要分析这些类目在一年中的变化趋势，找到不同类目的旺季和淡季。另外，本次活动老李要求小艾使用 Excel 和 Power BI 来完成分析工作。为此小艾首先需要了解 Power BI。

1. 活动准备——认识 Power BI

Power BI 与 Excel 同属微软公司，它不仅能够与 Excel 共享数据，而且也具备数据处理、数据计算、数据分析、数据可视化等多种功能，同时还能创建丰富的可视化交互式报表。Power BI 的操作界面如图 3-4 所示。

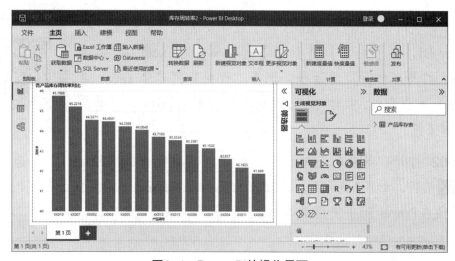

图3-4　Power BI的操作界面

Power BI 具有报表视图、数据视图、模型视图等多种视图模式，本书主要讲解报表视图和数据视图这两种模式。

- **报表视图**。报表视图主要用于设置和显示可视化报表，能够实现图表的创建、美化、筛选等各种操作。
- **数据视图**。数据视图主要用于显示和编辑表格数据，能够实现数据的增加、删除、修改，公式的应用等各种操作。

2. 活动说明

本次活动需要采集男装套装行业下各类目最近一年的交易数据，然后利用这些数据分析不同类目在一年中的交易走势，从而找出类目的淡旺季。

- **采集数据**。行业各类目的数据可以在生意参谋、京东商智等平台采集。

以生意参谋为例，可以在"市场"板块下的"市场大盘"区域切换到目标行业，选择近一年不同的月份，然后将各个类目的交易指数复制到Excel中。

- **处理数据**。采集到数据后，在Excel中需要创建"月份"列，为交易指数指明对应的月份，配套资源的素材文件已经完成了此操作。
- **可视化数据**。在Power BI中加载Excel数据，创建折线图并进行适当设置和美化操作，然后添加筛选器，查看各类目的交易变化趋势。

3. 活动实施

下面在Power BI中分析男装套装行业各类目的变化趋势。具体操作如下。

步骤 01 将Power BI Desktop软件下载并安装到计算机上。启动Power BI，在【主页】/【数据】组中单击"Excel工作簿"按钮，打开"打开"对话框，选择"行业变化趋势.xlsx"素材文件（配套资源:\素材\项目三\行业变化趋势.xlsx），单击 打开(O) 按钮。

微课视频

分析行业变化趋势

步骤 02 打开"导航器"对话框，选中对话框上方的"Sheet1"复选框，单击 加载 按钮，如图3-5所示。此操作的目的是将Excel中的数据加载到Power BI中，以便在Power BI中使用数据。

图3-5 加载Excel数据

步骤 03 进入Power BI的报表视图模式，单击界面左侧的"数据视图"按钮 进入数据视图模式。

步骤 04 在【表工具】/【计算】组中单击"新建列"按钮 ▦，新建一列数据，用来显示中文的月份，以解决Power BI默认将月份数据显示为英文单词的问题。在编辑栏中的"="后输入"FORMAT([月],"MM月")"，单击左侧的"确认"按钮 ✓，表示利用FORMAT函数将原有的时期数据设置为"MM月"的格式，如图3-6所示。

类目	交易指数	月	列
休闲运动套装	4431676	2023年1月1日	01月
工装制服	3687524	2023年1月1日	01月
时尚套装	610576	2023年1月1日	01月
其他套装	343783	2023年1月1日	01月
休闲运动套装	4282364	2023年2月1日	02月
工装制服	3106984	2023年2月1日	02月
时尚套装	682750	2023年2月1日	02月
其他套装	364915	2023年2月1日	02月
休闲运动套装	3679370	2023年3月1日	03月
工装制服	2701989	2023年3月1日	03月
时尚套装	612934	2023年3月1日	03月
其他套装	308383	2023年3月1日	03月
休闲运动套装	3413645	2023年4月1日	04月
工装制服	2524285	2023年4月1日	04月
时尚套装	527129	2023年4月1日	04月
其他套装	279046	2023年4月1日	04月

图3-6 新建列并输入公式

步骤 05 在新建的列上单击鼠标右键，在弹出的快捷菜单中选择"重命名"命令，将名称设置为"月份"，按【Enter】键确认。

步骤 06 单击界面左侧的"报表视图"按钮 ▦ 切换回报表视图模式，在"可视化"任务窗格中单击"折线图"按钮 ∿ 创建折线图。

步骤 07 在"数据"任务窗格中展开"Sheet1"选项，然后将"月份"字段拖曳至"X轴"文本框，将"交易指数"字段拖曳至"Y轴"文本框。

步骤 08 单击折线图附近的"更多选项"按钮 ⋯，在弹出的下拉列表中选择【排列轴】/【月份】选项，按月份排列数据，如图3-7所示。

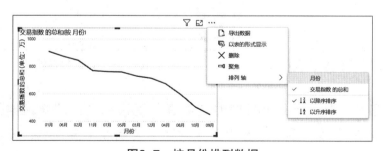

图3-7 按月份排列数据

步骤 09 再次单击"更多选项"按钮 ⋯，在弹出的下拉列表中选择【排列轴】/【以升序排序】选项，按从小到大的顺序排列月份数据，如图3-8所示。

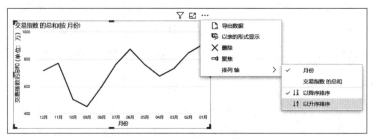

图3-8　按月份升序排列数据

步骤 10 拖曳折线图右下角的控制点，适当调整图表的宽度和高度。

步骤 11 在"可视化"任务窗格中单击"设置视觉对象格式"按钮，单击"常规"标签，展开"标题"选项，在"文本"文本框中将原有内容修改为"各类目近一年的交易变化趋势"，在"字号"数值框中将数字修改为"16"，依次单击"加粗"按钮B和"居中"按钮≡，如图3-9所示。

步骤 12 单击"视觉对象"标签，展开"Y轴"选项及其下方的"值"选项，在"显示单位"下拉列表中选择"无"选项，然后展开Y轴的"标题"选项，在"标题文本"文本框中输入"交易指数"，如图3-10所示。

图3-9　设置图表标题格式

图3-10　设置坐标轴

步骤 13 将"数据"任务窗格中的"类目"字段拖曳至"筛选器"任务窗格的"此页上的筛选器"栏中，选中下方的"工装制服"复选框，此时折线图便将显示工装制服类目近一年的交易变化趋势，选中其他类目对应的复选框，便可显示对应类目近一年的交易变化趋势。图3-11所示为休闲运动套装类目近一年的交易变化趋势，由图可知，该类目的交易淡季为8月至10月，旺季则在1月至2月（配套资源:\效果\项目三\行业变化趋势.pbix）。

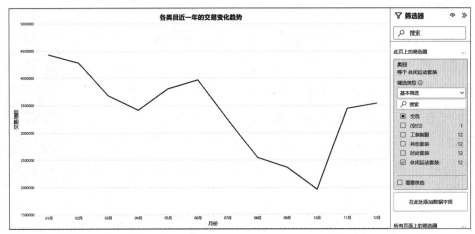

图3-11　休闲运动套装类目近一年的交易变化趋势

活动三　分析行业集中度

小艾需要了解男装套装行业的市场竞争是否激烈，老李告诉她可以通过行业中占据主要市场份额的品牌数量进行间接分析，即通过分析行业的集中度情况，来了解行业的垄断情况，进而知晓该行业的竞争激烈程度。

1. 活动准备——赫芬达尔指数

赫芬达尔指数是经济学中衡量行业垄断程度的一种统计指标，它会考虑市场上所有企业的市场份额及其对市场的影响力，从而反映行业集中度的高低。赫芬达尔指数的计算方法：将市场上每个企业的市场份额的平方值相加，得到一个0～1的数值，其中1代表市场上只存在一个企业，0代表市场上存在无限个企业。一般来说，赫芬达尔指数越高，说明市场上垄断程度越高。

2. 活动说明

本次活动需要先采集男装套装行业若干品牌的交易数据，然后按照赫芬达尔指数的计算方法分析行业集中度。

- **采集数据**。在生意参谋或京东商智等平台采集指定时期下30个品牌的交易指数或交易额数据。以生意参谋为例，可以在"市场"板块下的"市场排行"区域采集排名位于前30位的男装套装品牌及其对应的交易指数，将其依次复制到Excel中。
- **处理数据**。采集到数据后，在Excel中利用公式和函数计算赫芬达尔指数。

- **分析数据**。根据计算出的数据分析行业集中度。
- **可视化数据**。本次活动不涉及数据可视化操作。

3. 活动实施

下面在 Excel 中分析男装套装行业的集中度情况。具体操作如下。

步骤 01 打开"行业集中度.xlsx"素材文件（配套资源:\素材\项目三\行业集中度.xlsx）。选择C2单元格，在编辑栏中输入"=B2/SUM(B2:B31)"，然后选择函数参数"B2:B31"，按【F4】键在列标和行号前添加"$"，将其转换为绝对引用，按【Ctrl+Enter】组合键返回计算结果，如图3-12所示。

微课视频

分析行业集中度

图3-12　计算市场份额

步骤 02 双击C2单元格右下角的填充柄，快速将该单元格中的公式填充到C3:C31单元格区域，如图3-13所示。

图3-13　填充公式

步骤 03 选择D2:D31单元格区域，在编辑栏中输入"=C2*C2"，按【Ctrl+Enter】组合键计算所有品牌的市场份额平方值，如图3-14所示。

D2　=C2*C2

	A	B	C	D	E	F	G	H
1	品牌名称	交易额/元	市场份额	市场份额平方值	行业集中度			
2	品牌1	13,107,200	0.087958706	0.007736734				
3	品牌2	8,390,900	0.056308953	0.003170698				
4	品牌3	6,568,900	0.044082027	0.001943225				
5	品牌4	6,501,300	0.043628383	0.001903436				
6	品牌5	5,715,100	0.038352417	0.001470908				
7	品牌6	5,605,300	0.03761558	0.001414932				
8	品牌7	5,585,300	0.037481366	0.001404853				
9	品牌8	5,502,800	0.036927732	0.001363657				
10	品牌9	5,325,200	0.035735909	0.001277055				
11	品牌10	5,107,000	0.03427163	0.001174545				
12	品牌11	4,947,400	0.0332006	0.00110228				
13	品牌12	4,642,900	0.031157187	0.00097077				
14	品牌13	4,619,200	0.030998143	0.000960885				

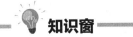

图3-14　计算市场份额平方值

步骤 04 选择E2单元格，在编辑栏中输入"=SUM(D2:D31)"，按【Ctrl+Enter】组合键计算所有品牌所在行业的集中度，如图3-15所示（配套资源:\效果\项目三\行业集中度.xlsx）。

由图3-15可知，该行业在该期间的行业集中度为0.038 549 55，数值远小于1，说明该行业的垄断程度较低。

E2　=SUM(D2:D31)

	A	B	C	D	E	F	G	H
1	品牌名称	交易额/元	市场份额	市场份额平方值	行业集中度			
2	品牌1	13,107,200	0.087958706	0.007736734	0.03854955			
3	品牌2	8,390,900	0.056308953	0.003170698				
4	品牌3	6,568,900	0.044082027	0.001943225				
5	品牌4	6,501,300	0.043628383	0.001903436				
6	品牌5	5,715,100	0.038352417	0.001470908				
7	品牌6	5,605,300	0.03761558	0.001414932				
8	品牌7	5,585,300	0.037481366	0.001404853				
9	品牌8	5,502,800	0.036927732	0.001363657				
10	品牌9	5,325,200	0.035735909	0.001277055				
11	品牌10	5,107,000	0.03427163	0.001174545				
12	品牌11	4,947,400	0.0332006	0.00110228				
13	品牌12	4,642,900	0.031157187	0.00097077				

图3-15　计算行业集中度

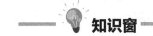

知识窗

行业集中度的倒数表示有多少个样本可以代表总体。例如，活动中采集的品牌数量为 30 个，行业集中度的倒数为：1÷0.038 549 55≈26，此结果表示该行业中的 26 个品牌占据了这 30 个品牌中的主要份额，可以代表这 30 个品牌总体。

知识窗

活动四　分析行业稳定性

行业是否稳定会对公司有至关重要的影响，因此小艾还需要了解男装套装行业的稳定性情况。

1. 活动准备——波动系数与极差

波动系数是衡量一组数据离散程度的统计指标，它可以用于比较两个或多个数据集之间的差异，也可以用于判断一个数据集内部的变异情况。波动系数越大，表明数据的离散程度越高，行业稳定性越低，其计算公式如下。

$$波动系数 = 标准差 / 平均值$$

其中：标准差是对数据离散程度进行量化的统计指标，表示数据集合中各个数据与平均值之间的偏差程度；平均值则是指一组数据中所有数值的总和除以数据总数，可以反映该组数据的平均大小。

极差是一组数据中最大值和最小值之间的差异，是一种常用的描述数据变异程度的统计指标。通常情况下，极差越大，表示数据的变异程度越大，极差越小，则表示数据的变异程度越小。在行业分析中，极差可以反映行业的交易体量大小，其计算公式如下。

$$极差 = 最大值 - 小值$$

2. 活动说明

行业稳定性是指当需求、价格等因素偏离均衡情况后该行业恢复为原来的均衡状态的能力。行业稳定性越高，市场风险相对越小。本次活动将采集男装套装行业下各类目近一年的交易额数据，然后分析各类目行业的稳定性。

- **采集数据**。行业各类目的数据可以在生意参谋、京东商智等平台采集。例如，在生意参谋中可以在"市场"板块下的"市场大盘"区域切换到男装套装行业，然后采集近一年各月各类目的交易指数，然后复制到 Excel 中。
- **处理数据**。采集到数据后，在 Excel 中使用函数计算标准差和平均值，然后计算波动系数和极差。
- **分析数据**。根据计算出的数据分析行业稳定性。
- **可视化数据**。使用组合图对比分析各类目的行业稳定性。

3. 活动实施

下面在 Excel 中分析男装套装行业下各类目的稳定性。具体操作如下。

步骤 01 打开"行业稳定性.xlsx"素材文件（配套资源:\素材\项目三\行业稳定性.xlsx）。选择B16单元格，单击编辑栏左侧的"插入函数"按钮 f_x，打开"插入函数"对话框，在"或选择类别"下拉列表中选择"统计"选项，在"选择函

微课视频

分析行业稳定性

数"列表框中选择"STDEV.P"选项（即标准差函数），单击 [确定] 按钮，如图3-16所示。

步骤 02 打开"函数参数"对话框，选择"Number1"文本框中的内容，按【Delete】键删除，重新在表格中选择B2:B13单元格区域，引用其地址，单击 [确定] 按钮，如图3-17所示。

图3-16 选择函数　　　　　　　　　图3-17 设置参数

步骤 03 拖曳B16单元格右下角的填充柄至E16单元格，快速计算其他类目的标准差，如图3-18所示。

B16		fx	=STDEV.P(B2:B13)			
	A	B	C	D	E	F	G
13	2023年12月	3,538,747	599,393	2,735,359	271,743		
14							
15		休闲运动套装	时尚套装	工装套装	其他套装		
16	标准差	726,257	89,788	627,305	62,597		
17	平均值						
18	波动系数						
19	极差						

图3-18 填充函数

步骤 04 选择B17:E17单元格区域，直接在编辑栏中输入求平均值的函数"=AVERAGE(B2:B13)"，按【Ctrl+Enter】组合键计算各类目交易额的平均值，如图3-19所示。

B17		fx	=AVERAGE(B2:B13)			
	A	B	C	D	E	F	G
13	2023年12月	3,538,747	599,393	2,735,359	271,743		
14							
15		休闲运动套装	时尚套装	工装套装	其他套装		
16	标准差	726,257	89,788	627,305	62,597		
17	平均值	3,389,561	561,999	2,895,594	308,063		
18	波动系数						
19	极差						

图3-19 计算各类目交易额的平均值

步骤 05 选择B18:E18单元格区域，在编辑栏中输入"=B16/B17"，按【Ctrl+Enter】组合键计算各类目的波动系数，如图3-20所示。

	A	B	C	D	E	F	G	H
	B18	▾	× ✓ fx	=B16/B17				
7	2023年6月	3,967,753	499,612	3,913,297	338,064			
8	2023年7月	3,241,534	543,002	3,468,708	365,200			
9	2023年8月	2,544,680	473,846	2,645,600	320,182			
10	2023年9月	2,365,393	477,607	1,434,593	227,168			
11	2023年10月	1,959,548	434,251	2,474,156	191,340			
12	2023年11月	3,445,161	756,565	3,221,953	261,716			
13	2023年12月	3,538,747	599,393	2,735,359	271,743			
14								
15		休闲运动套装	时尚套装	工装套装	其他套装			
16	标准差	726,257	89,788	627,305	62,597			
17	平均值	3,389,561	561,999	2,895,594	308,063			
18	波动系数	0.214262876	0.159766031	0.216641356	0.203196182			
19	极差							
20								

图3-20　计算各类目的波动系数

步骤 06 选择B19:E19单元格区域，直接在编辑栏中输入"=MAX(B2:B13)-MIN(B2:B13)"（其中MAX()为最大值函数，MIN()为最小值函数），按【Ctrl+Enter】组合键计算各类目的极差，如图3-21所示。

	A	B	C	D	E	F	G	H
	B19	▾	× ✓ fx	=MAX(B2:B13)-MIN(B2:B13)				
7	2023年6月	3,967,753	499,612	3,913,297	338,064			
8	2023年7月	3,241,534	543,002	3,468,708	365,200			
9	2023年8月	2,544,680	473,846	2,645,600	320,182			
10	2023年9月	2,365,393	477,607	1,434,593	227,168			
11	2023年10月	1,959,548	434,251	2,474,156	191,340			
12	2023年11月	3,445,161	756,565	3,221,953	261,716			
13	2023年12月	3,538,747	599,393	2,735,359	271,743			
14								
15		休闲运动套装	时尚套装	工装套装	其他套装			
16	标准差	726,257	89,788	627,305	62,597			
17	平均值	3,389,561	561,999	2,895,594	308,063			
18	波动系数	0.214262876	0.159766031	0.216641356	0.203196182			
19	极差	2,472,128	322,314	2,478,704	233,871			
20								
21								
22								
23								

图3-21　计算各类目的极差

步骤 07 选择A15:E15单元格区域，按住【Ctrl】键的同时加选A18:E19单元格区域，在【插入】/【图表】组中单击"插入组合图"下拉按钮，在弹出的下拉列表中选择"创建自定义组合图"选项，打开"插入图表"对话框。在波动系数数据系列对应的"图表类型"下拉列表中选择"折线图"选项，并选中右侧的"次坐标轴"复选框，在极差数据系列对应的"图表类型"下拉列表中选择"簇状柱形图"选项，单击 确定 按钮，如图3-22所示。

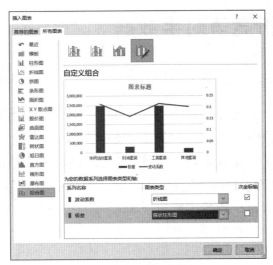

图3-22 创建组合图

步骤 08 选择图表标题，然后选择标题文本，将其修改为"各类目的波动系数与极差对比"。单击图表空白区域以使图表整体处于选中状态，将图表的字体格式设置为"方正兰亭纤黑简体，10号"，并适当增加图表尺寸。

步骤 09 在【图表工具 图表设计】/【图表布局】组中单击"添加图表元素"下拉按钮 📊 ，在弹出的下拉列表中选择【坐标轴标题】/【主要横坐标轴】选项，然后将坐标轴标题文本修改为"类目"。

步骤 10 按相同方法继续添加主要纵坐标轴和次要纵坐标轴的标题，并将文本分别修改为"极差"和"波动系数"，如图3-23所示（配套资源:\效果\项目三\行业稳定性.xlsx）。

由图3-23可知，时尚套装的波动系数最低，该类目稳定性最高，但体量较小；其他套装稳定性不高，体量也较小；休闲运动套装和工装套装的体量大，但稳定性相对较差。

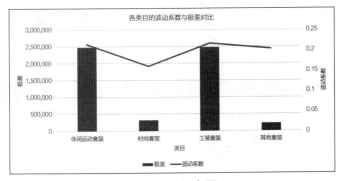

图3-23 组合图

任务二 分析竞争对手数据

任务描述

老李告诉小艾，通过分析竞争对手的数据，可以更全面地了解市场环境和自身的竞争优势与劣势，为制订营销战略提供有力的支持。不仅如此，分析竞争对手数据，还可以更好地应对市场变化，发现各种潜在机会，提升公司的创新能力和竞争力，从而获得更好的商业收益。看到分析竞争对手数据如此重要，小艾赶紧整理好采集的竞争对手数据，并着手从竞争品牌、竞争店铺与竞争商品等方面展开数据分析工作。

任务实施

👤 活动一　分析竞争品牌交易数据

竞争品牌交易数据是竞争数据分析的重要内容，小艾将挑选一个主要竞争品牌，分析该品牌的交易数据，并对比公司品牌的交易数据，以找出其中的差距。

1. 活动准备——竞争对手的界定

竞争对手是指限制和影响本企业竞争优势发挥的外部其他企业，即凡在与本企业有共同目标的市场上且与本企业有利益冲突并构成一定威胁的其他企业，都可以界定为竞争对手。

无论是实力与本企业相当的企业，还是实力比本企业强的企业，又或是实力比本企业弱的企业，如果将其界定为本企业的竞争对手，那么它必定具有以下一种或几种特征。

（1）市场份额接近，或近期有潜力接近并超过本企业。

（2）技术实力相近，创新能力强，商品性能或服务质量与本企业相近。

（3）企业规模与本企业相近。

（4）对本企业的市场份额构成现实的和未来的挑战和威胁。

（5）可能使本企业的客户发生重大转移。

（6）与本企业有稀缺资源的激烈争夺。

（7）规模、市场份额都与本企业相差甚远，但近期有可能通过技术创新、商品改进等手段使企业市场地位发生改变。

（8）本企业发展战略锁定的竞争对手。

素养小课堂

竞争是市场的正常现象，良性竞争不仅能够带动社会经济的发展，广大客户也能从中受益。党的二十大报告中也提出要完善产权保护、市场准入、公平竞争、社会信用等市场经济基础制度，优化营商环境。同时，也提出加强反垄断和反不正当竞争，破除地方保护和行政性垄断，依法规范和引导资本健康发展。

---

2. 活动说明

本次活动需要采集某竞争品牌近一个月的交易额，然后利用数据透视表和数据透视图分析该品牌的交易情况。

- **采集数据**。在生意参谋或京东商智等平台采集近一个月指定竞争品牌的交易指数或交易额数据。以生意参谋为例，可以在"竞争"板块下的"监控品牌"区域采集该品牌近一个月每日的交易数据，并将其依次复制到 Excel 中，然后将自身品牌近一个月每日的交易数据同样复制到 Excel 中。

- **处理数据**。添加"日期"列，列出每组交易数据对应的日期。（配套资源的素材文件已经完成了此操作。）

- **可视化数据**。使用数据透视表和数据透视图对比分析竞争品牌近一个月的交易情况。

3. 活动实施

下面在 Excel 中分析竞争品牌的交易数据。具体操作如下。

步骤 01 打开"竞争品牌数据.xlsx"文件（配套资源:\素材\项目三\竞争品牌数据.xlsx），在【插入】/【表格】组中单击"数据透视表"按钮，打开"来自表格或区域的数据透视表"对话框，Excel 自动将包含数据的单元格区域（即 A1:C32 单元格区域）设置为数据透视表的数据源，这里直接单击 确定 按钮，在新工作表中建立数据透视表。

微课视频

分析竞争品牌
交易数据

步骤 02 在新工作表中将"日期"字段添加到"行"列表框，将"竞争品牌交易额/元"字段添加到"值"列表框。

步骤 03 选择数据透视表中的任意数据，在【数据透视表工具 数据透视表分析】/【工具】组中单击"数据透视图"按钮，打开"插入图表"对话框，选择左侧的"折线图"选项，选择第一个折线图，单击 确定 按钮，如图3-24所示。

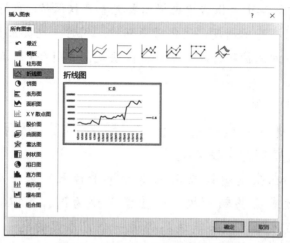

图3-24 创建并设置数据透视图

步骤 04 为数据透视图应用"样式7"图表样式，删除图例，将图表的字体格式设置为"方正兰亭纤黑简体，10号"，并适当调整图表尺寸，将横坐标轴标题和纵坐标轴标题分别修改为"日期"和"交易额/元"，如图3-25所示。

由图3-25可知，该竞争品牌在5月的交易数据总体走高，从月初到月末，月末交易额是月初的近3倍，说明该品牌的竞争力有了大幅提升。

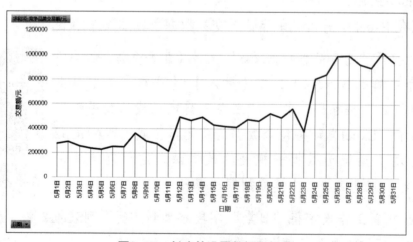

图3-25 创建并设置数据透视图

步骤 05 在"数据透视图字段"任务窗格中将"本品牌交易额/元"字段添加到"值"列表框中，在图表底部重新添加图例。然后在数据透视图中选择本品牌对应的折线，在【数据透视图工具 格式】/【形状样式】组中单击 形状轮廓 按钮右侧的下拉按钮·，在弹出的下拉列表中选择【虚线】/【圆点】选项，效果如图3-26所示（配套资源:\效果\项目三\竞争品牌数据.xlsx）。

由图3-26可知，本品牌在5月的交易指数整体变化较为稳定，但与竞争品牌相比，差距逐步被拉大，应该进一步查看竞争品牌在营销等方面的策略和措施，从中借鉴一些有价值的内容，并在本品牌的运营过程中加以运用。

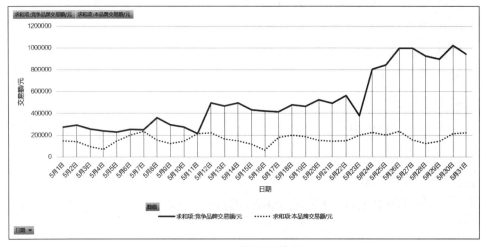

图3-26　操作后效果

活动二　分析竞争店铺销售情况

通过分析竞争店铺的整体销售数据，公司可以全面了解竞争店铺的销售情况，以便清楚该竞争店铺的运营效果。

1. 活动准备——动销率与售罄率

分析竞争店铺的销售情况时，一方面可以从基础的数据指标中查看整体的销售水平，如销售额、销售品种数、销量等；另一方面，可以借助动销率和售罄率来深入地分析销售质量。

- **动销率**。动销率指店铺正在销售中的商品的品种数与店铺所经营商品的品种数的比率，该指标可以反映进货品种的有效性。动销率越高，有效的进货品种越多；动销率越低，无效的进货品种越多。店铺可以根据动销率及时调整进货品种。

- **售罄率**。售罄率指商品的销售数量占进货数量的比率，该指标可以衡量商品的销售速度，能够反映商品在市场上受欢迎的程度。售罄率与进货数量有很大的关系，在相同进货数量的情况下，售罄率越高，商品的销售情况越好，售罄率越低，商品的销售情况越差。

2. 活动说明

本次活动需要采集竞争店铺在指定时期的各项销售数据，然后计算动销率与售罄率，并结合图表分析店铺的销售情况。

- **采集数据**。利用店侦探或从其他渠道获取竞争店铺近几个月的销售额、销售品种数、品种总数、销量、进货量等数据。
- **处理数据**。利用采集的数据进一步计算动销率与售罄率，并调整数据的正确格式。
- **可视化数据**。利用柱形图、折线图、组合图等多种图表全面分析竞争店铺的销售情况。

3. 活动实施

下面在 Power BI 中分析竞争店铺的销售情况，其中需要对数据字段进行完善，然后利用各种可视化图表分析数据。

第一步 完善数据字段

下面首先利用 Power BI 中的 Power Query 编辑器编辑字段，该编辑器可以进一步处理 Excel 中的数据。具体操作如下。

步骤 **01** 启动 Power BI，在【主页】/【数据】组中单击"Excel 工作簿"按钮，打开"打开"对话框，选择"竞争店铺数据.xlsx"文件（配套资源:\素材\项目三\竞争店铺数据.xlsx），单击 打开(O) 按钮。

微课视频

完善数据字段

步骤 **02** 打开"导航器"对话框，选中"Sheet1"复选框，单击 转换数据 按钮，如图3-27所示。

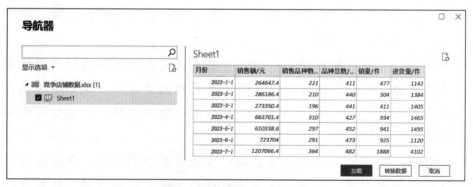

月份	销售额/元	销售品种数...	品种总数/...	销量/件	进货量/件
2023-1-1	264647.4	221	411	477	1142
2023-2-1	286186.4	210	440	504	1384
2023-3-1	273350.4	196	441	411	1405
2023-4-1	663701.4	310	427	934	1465
2023-5-1	610338.6	297	452	941	1495
2023-6-1	723704	291	473	925	1120
2023-7-1	1207066.4	364	482	1888	4102

图3-27　转换Excel数据

步骤 **03** 进入 Power Query 编辑器的操作界面，在【添加列】/【常规】组中单击"自定义列"按钮 📱，打开"自定义列"对话框。在"新列名"文本框中输入"动销率"，在"自定义列公式"栏中的"="后单击定位插入点，双击"可用列"列表框中的"销售品种数/种"选项，然后输入"/"，继续双击"品种总数/种"选项，单击 ▉确定▉ 按钮，如图3-28所示。

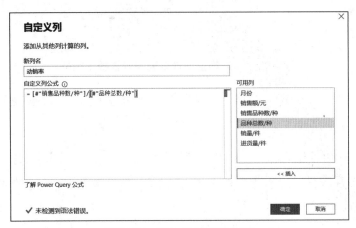

图3-28　添加动销率数据列

步骤 04 选择"动销率"列，在【主页】/【转换】组中单击 数据类型:任意 ▾ 下拉按钮，在弹出的下拉列表中选择"百分比"选项，如图3-29所示。

图3-29　调整动销率数据列的数据类型

步骤 05 按相同方法新增"售罄率"数据列，计算公式为"=[#"销量/件"]/[#"进货量/件"]"。

步骤 06 选择"售罄率"列，在【主页】/【转换】组中单击 数据类型:任意 ▾ 下拉按钮，在弹出的下拉列表中选择"百分比"选项，如图3-30所示。然后在"关闭"组中单击"关闭并应用"按钮 📱。

图3-30　添加售罄率数据列并设置数据类型

步骤 07 进入Power BI的报表视图模式，单击左侧的"数据视图"按钮 进入数据视图模式。

步骤 08 选择"动销率"列，在【列工具】/【格式化】组的"格式"下拉列表中选择"百分比"选项。按相同方法调整"售罄率"列的数据类型，如图3-31所示。

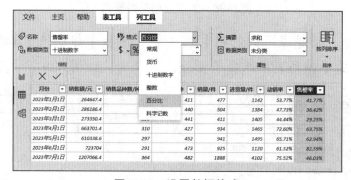

图3-31　设置数据格式

步骤 09 在【表工具】/【计算】组中单击"新建列"按钮 ，新建一列数据用来显示中文的月份。在编辑栏中的"="后输入"FORMAT([月份],"MM月")"，如图3-32所示，单击左侧的"确认"按钮 。

月份	销售额/元	销售品种数/种	品种总数/种	销量/件	进货量/件	动销率	售罄率	列
2023年1月1日	264647.4	221	411	477	1142	53.77%	41.77%	01月
2023年2月1日	286186.4	210	440	504	1384	47.73%	36.42%	02月
2023年3月1日	273350.4	196	441	411	1405	44.44%	29.25%	03月
2023年4月1日	663701.4	310	427	934	1465	72.60%	63.75%	04月
2023年5月1日	610338.6	297	452	941	1495	65.71%	62.94%	05月
2023年6月1日	723704	291	473	925	1120	61.52%	82.59%	06月
2023年7月1日	1207066.4	364	482	1888	4102	75.52%	46.03%	07月

图3-32　新建列并设置函数

步骤 10 在新建的列上单击鼠标右键，在弹出的快捷菜单中选择"重命名"命令，将名称设置为"中文月份"，按【Enter】键确认。

第二步 可视化数据

下面继续在 Power BI 的报表视图中使用多种图表来可视化分析数据。具体操作如下。

微课视频

可视化数据

步骤 01 单击左侧的"报表视图"按钮📊返回报表视图模式，在"可视化"任务窗格中单击"簇状柱形图"按钮📊，在"数据"任务窗格中展开"Sheet1"表格选项，将"中文月份"字段添加至"可视化"任务窗格中的"X轴"列表框，将"销售额/元"字段添加至"Y轴"列表框。

步骤 02 单击图表附近的"更多选项"按钮⋯，在弹出的下拉列表中选择【排列 轴】/【中文月份】选项。再次单击该按钮，在弹出的下拉列表中选择【排列 轴】/【以升序排列】选项。

步骤 03 拖曳报表区域中簇状柱形图右下角的控制点，适当调整图表的尺寸和位置（拖曳图表可调整位置），使其位于报表左上方，大小为整个报表区域的1/4左右，如图3-33所示。

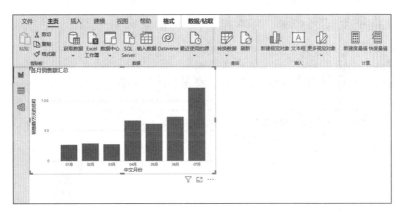

图3-33 设置图表

步骤 04 在"可视化"任务窗格中单击"设置视觉对象格式"按钮🖌，单击"常规"标签，展开"标题"选项，在"文本"文本框中将原有内容修改为"各月销售额汇总"，在"字号"数值框中将数字修改为"16"，依次单击"加粗"按钮**B**和"居中"按钮≡，如图3-34所示。

步骤 05 单击"视觉对象"标签，展开"X轴"选项

图3-34 设置图表标题格式

下的"标题"选项，在"标题文本"文本框中输入"月份"。展开"Y轴"选项下的"值"选项，在"显示单位"下拉列表中选择"无"选项；展开"标题"选项，在"标题文本"文本框中输入"销售额/元"。设置图表坐标轴如图3-35所示。

图3-35　设置图表坐标轴

步骤 06 单击报表中的空白区域，取消图表的选中状态，然后单击"折线和簇状柱形图"按钮 ，将"中文月份"字段拖曳至"X轴"文本框，将"销量/件"字段拖曳至"列y轴"文本框，将"销售品种数/种"字段拖曳至"行y轴"文本框。

步骤 07 按中文月份升序排列数据，效果如图3-36所示。

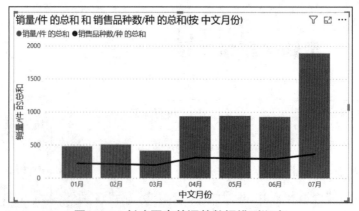

图3-36　创建图表并调整数据排列顺序

步骤 08 在"可视化"任务窗格中单击"设置视觉对象格式"按钮 ，单击"常规"标签，展开"标题"选项，在"文本"文本框中将原有内容修改为"各月销量和销售品种数汇总"，在"字号"数值框中将数字修改为"16"，依次单击"加粗"按钮 **B** 和"居中"按钮 ☰ 。

步骤 09 单击"视觉对象"标签，展开"X轴"选项下的"标题"选项，在"标题文本"文本框中输入"月份"。

步骤 10 单击"辅助Y轴"右侧的开关按钮 ⬤，显示辅助Y轴，展开"辅助Y轴"选项，并继续展开其下的"标题"选项，在"标题文本"文本框中将原有内容修改为"销售品种数/种"，按相同方法将Y轴的标题文本修改为"销量/件"，最后展开"图例"选项，在"位置"下拉列表中选择"靠上居中"选项，效果如图3-37所示。

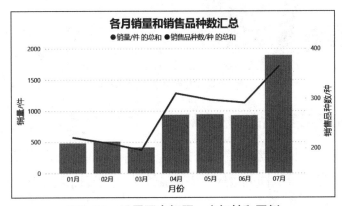

图3-37 设置图表标题、坐标轴和图例

步骤 11 继续按照相同方法创建动销率和售罄率的折线图，并设置图表月份的排列顺序、图表标题和坐标轴标题等，然后显示数据标签。竞争店铺销售情况如图3-38所示（配套资源:\效果\项目三\竞争店铺数据.pbix）。

由图3-38可知，该竞争店铺1—3月的销售额较为平稳，4—6月上升明显，7月出现大幅增长，近7个月的销售额呈上升的趋势。无论是销售品种数还是销量，该竞争店铺近7个月的销售趋势都是总体上升的，说明其近几个月的销售表现越来越好。从动销率来看，店铺近7个月的动销率从最初的53.77%增加到75.52%，说明店铺在类目运营方面取得了不错的效果，各类商品能够得到客户青睐，店铺可以保持目前的运营策略，甚至还可以进一步增加新的类目，扩大经营范围。从售罄率来看，店铺近7个月的售罄率波动较大，除了6月的售罄率高于80%外，其他各月的售罄率都较低，这说明店铺的进货量可能较大，但考虑到店铺整体销售趋势上升，以及更多种类的商品被市场认可，这种大进货量的策略也许在未来一段时间会进一步提升店铺的销售业绩，店铺需要持续跟进销售数据。

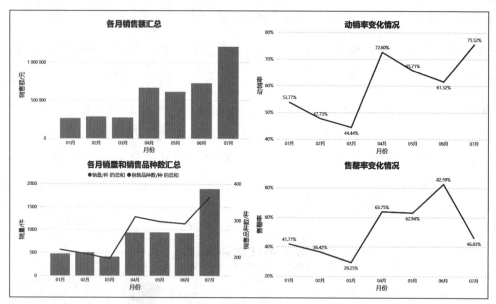

图3-38　竞争店铺销售情况

活动三　分析竞争商品销售高峰

分析竞争商品的销售高峰，当公司拟上架新品时，可以有效避开这个高峰，为商品赢得更好的销售时间。小艾将重点分析一款主要竞争商品的销售高峰，为公司上架新品提供参考。

1. 活动说明

本次活动需要采集主要竞争商品近一个月的销量和销售额数据，然后将这些数据以周为单位进行汇总显示，从而了解该商品的销售高峰。

- **采集数据**。利用店侦探监控竞争商品，然后将竞争商品近一个月的销量和销售额数据导入 Excel 中。
- **处理数据**。在 Excel 中美化采集到的数据，并利用函数计算日期对应的星期数据。
- **可视化数据**。利用组合图分析竞争商品的销售高峰。

2. 活动实施

下面在 Excel 中分析竞争商品的销售高峰情况。具体操作如下。

步骤 01 打开"竞争商品数据.xlsx"素材文件（配套资源:\素材\项目三\竞争商品数据.xlsx），在B列列标上单击鼠标右键，在弹出的快捷菜单中选择"插入"命令，选择B1单元

微课视频

分析竞争商品
销售高峰

格，输入"星期"。

步骤 02 选择B2:B31单元格区域，在编辑栏中输入"=TEXT(A2,"AAAA")"，表示根据日期返回对应的星期数据，按【Ctrl+Enter】组合键返回结果，如图3-39所示。

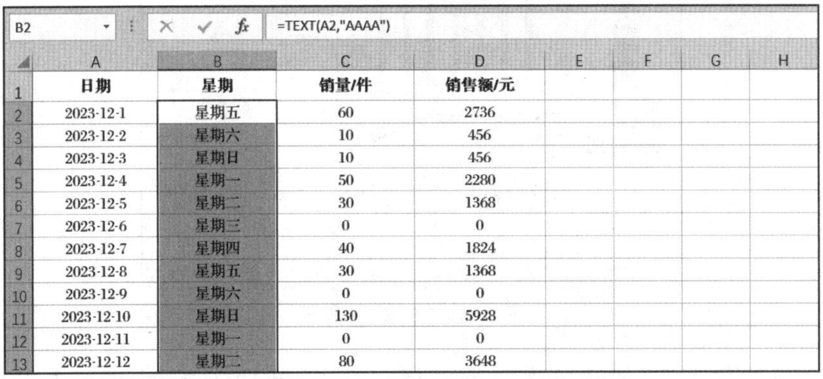

图3-39 计算星期数据

步骤 03 以表格中的所有数据为数据源，在新工作表中创建数据透视表，将"星期"字段添加到"行"列表框，将"销量/件"和"销售额/元"字段添加到"值"列表框。

步骤 04 单击数据透视表中的第4行行号，拖曳第4行至"总计"行的上一行，调整各星期数据的显示顺序，如图3-40所示。

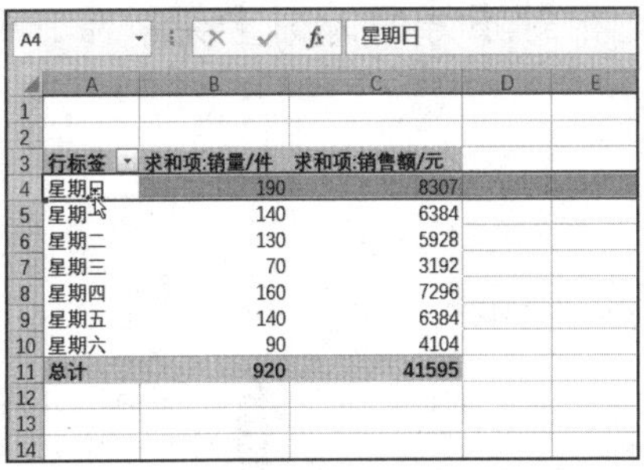

图3-40 调整数据显示顺序

步骤 05 在【数据透视表工具 数据透视表分析】/【工具】组中单击"数据透视图"按钮，打开"插入图表"对话框。选择"组合图"选项，在销量数据系列对应的"图表类型"下拉列表中选择"折线图"选项，在销售额数据系列对应的"图表类型"下拉列表中选择"簇状柱形图"选项，并选中该数据系列右侧的"次坐标轴"复选框，单击 确定 按钮，如图3-41所示。

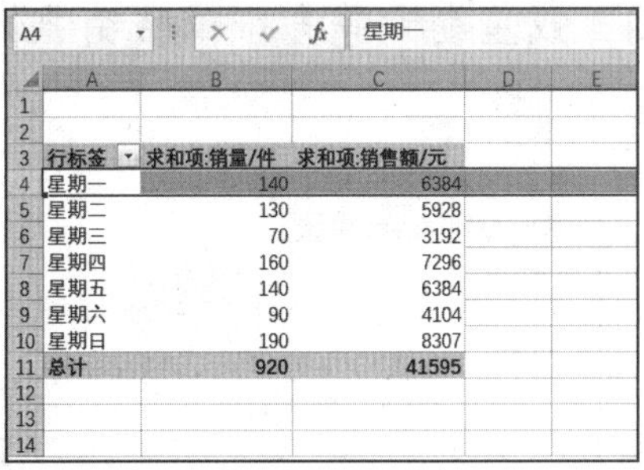

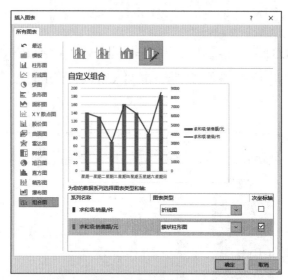

图3-41　创建组合图

步骤 06 为图表应用"样式7"图表样式，利用"添加图表元素"按钮将图例调整到图表顶部，然后将图表字体格式设置为"方正兰亭纤黑简体，10号"，并调整图表尺寸。

步骤 07 将横坐标轴和纵坐标轴的标题分别修改为"星期"和"销量/件"，添加次要纵坐标轴标题，将内容修改为"销售额/元"，如图3-42所示（配套资源:\效果\项目三\竞争商品数据.xlsx）。

由图3-42可知，近一个月内该竞争商品的销售高峰是星期日，公司则可以考虑在星期三或星期六等竞争商品销售情况相对不好的时间上架新品，避开竞争商品的销售高峰。

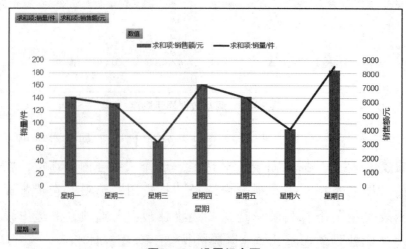

图3-42　设置组合图

同步实训

实训一 分析男装行业数据

实训描述

小宇在淘宝开设男装店铺后，一直想要了解男装行业的集中度情况，同时还需要重点了解休闲西服和商务正装西服这两个行业的稳定性情况，以便为店铺日后的发展找到正确的方向。

操作指南

为了帮助小宇了解到他需要了解的信息，同学们需要借助赫芬达尔指数、波动系数和极差来分析行业数据。具体操作如下。

微课视频

分析男装行业数据

步骤 01 打开"男装数据.xlsx"素材文件（配套资源:\素材\项目三\同步实训\男装数据.xlsx）。选择C2:C51单元格区域，在编辑栏中输入"=B2/SUM($B$2:$B$51)"，按【Ctrl+Enter】组合键返回计算结果，如图3-43所示。

C2	▼	× ✓ f_x	=B2/SUM($B$2:$B$51)		
	A	B	C	D	E
1	品牌	交易指数	市场份额	市场份额平方值	行业集中度
2	雅戈尔	16,934	2.88%		
3	鄂尔多斯	13,022	2.21%		
4	蛊惑	7,901	1.34%		
5	海澜之家官方	14,160	2.40%		
6	海澜之家	9,233	1.57%		
7	速写官方	8,833	1.50%		
8	格维恩	15,242	2.59%		
9	班斯雷	9,545	1.62%		
10	班卡图	8,797	1.49%		
11	波宾	7,967	1.35%		
12	浅蓝	8,802	1.49%		
13	罗蒙维容	10,137	1.72%		
14	罗蒙浩欸	12,686	2.15%		
15	罗蒙官方	14,308	2.43%		
16	罗蒙	13,421	2.28%		
17	尚品情侣男装	17,436	2.96%		
18	奇阿玛尼亚服饰	8,913	1.51%		
19	沃克鲨鱼	8,468	1.44%		
20	伯爵卓尔	9,102	1.55%		
21	利郎	14,201	2.41%		
22	克里马丁	8,301	1.41%		

图3-43 计算市场份额

步骤 02 选择D2:D51单元格区域，在编辑栏中输入"=C2*C2"，按【Ctrl+Enter】组合键计算所有品牌的市场份额平方值，如图3-44所示。

图3-44　计算市场份额平方值

步骤 03 选择E2单元格，在编辑栏中输入"=SUM(D2:D51)"，按【Ctrl+Enter】组合键计算所有品牌所在行业的集中度，如图3-45所示。

由图3-45可知，该行业在该期间的行业集中度为0.021 901 368，数值远小于1，说明该行业的垄断程度较低。

图3-45　计算行业集中度

🎁 **动手做**

计算行业集中度倒数

选择F1单元格，输入"行业集中度倒数"，在 F2 单元格中输入相应的公式计算行业集中度的倒数，然后分析所选的 50 个品牌中，有多少品牌占据了行业的主要份额。

步骤 04 单击Excel界面下方的"行业稳定性"工作表标签，切换到"行业稳定性"工作表。

步骤 05 选择E2:F2单元格区域，在编辑栏中输入"=STDEV.P(B2:B13)"，按【Ctrl+Enter】组合键计算两个类目的标准差，如图3-46所示。

图3-46　计算标准差

步骤 06 选择 E3:F3 单元格区域，在编辑栏中输入"=AVERAGE(B2:B13)"，按【Ctrl+Enter】组合键计算两个类目的平均值，如图 3-47 所示。

	A	B	C	D	E	F	G	H
E3		fx	=AVERAGE(B2:B13)					
1	月份	休闲西服交易指数	商务正装西服交易指数		休闲西服	商务正装西服		
2	2023年1月	18,204,582	16,278,744	标准差	5,460,873	5,818,415		
3	2023年2月	14,536,407	17,216,690	平均值	8,559,879	7,173,393		
4	2023年3月	13,993,052	15,398,819	波动系数				
5	2023年4月	7,600,525	6,275,232	极差				
6	2023年5月	5,797,504	2,747,017					
7	2023年6月	2,014,718	1,289,316					

图3-47　计算平均值

步骤 07 选择E4:F4单元格区域，在编辑栏中输入"=E2/E3"，按【Ctrl+Enter】组合键计算两个类目的波动系数，如图3-48所示。

	A	B	C	D	E	F	G	H
E4		fx	=E2/E3					
1	月份	休闲西服交易指数	商务正装西服交易指数		休闲西服	商务正装西服		
2	2023年1月	18,204,582	16,278,744	标准差	5,460,873	5,818,415		
3	2023年2月	14,536,407	17,216,690	平均值	8,559,879	7,173,393		
4	2023年3月	13,993,052	15,398,819	波动系数	0.64	0.81		
5	2023年4月	7,600,525	6,275,232	极差				
6	2023年5月	5,797,504	2,747,017					
7	2023年6月	2,014,718	1,289,316					
8	2023年7月	1,878,803	1,210,039					
9	2023年8月	3,311,512	2,311,820					

图3-48　计算波动系数

步骤 08 选择 E5:F5 单元格区域，在编辑栏中输入"=MAX(B2:B13)-MIN(B2:B13)"，按【Ctrl+Enter】组合键计算两个类目的极差，如图 3-49 所示（配套资源:\素材\项目三\同步实训\男装数据.xlsx）。

由图3-49可知，两个类目的量级是较为接近的，在这种情况下，商务正装西服的波动系数大于休闲西服，因此休闲西服行业的稳定性更好。

	A	B	C	D	E	F	G	H
E5		fx	=MAX(B2:B13)-MIN(B2:B13)					
1	月份	休闲西服交易指数	商务正装西服交易指数		休闲西服	商务正装西服		
2	2023年1月	18,204,582	16,278,744	标准差	5,460,873	5,818,415		
3	2023年2月	14,536,407	17,216,690	平均值	8,559,879	7,173,393		
4	2023年3月	13,993,052	15,398,819	波动系数	0.64	0.81		
5	2023年4月	7,600,525	6,275,232	极差	16,325,779	16,006,651		
6	2023年5月	5,797,504	2,747,017					
7	2023年6月	2,014,718	1,289,316					
8	2023年7月	1,878,803	1,210,039					
9	2023年8月	3,311,512	2,311,820					
10	2023年9月	4,194,493	2,880,828					
11	2023年10月	6,354,146	3,910,115					

图3-49　计算极差

💬 **实训评价**

同学们完成实训操作后，提交 Excel 效果文件，并在效果文件中插入文本框，输入分析结果。老师根据文件中的内容按表 3-1 所示内容进行打分。

表 3-1 实训评价

序号	评分内容	总分	老师打分	老师点评
1	是否正确计算市场份额	5		
2	是否正确计算市场份额平方值	5		
3	是否正确计算行业集中度	10		
4	是否正确分析行业集中度的情况	20		
5	是否正确计算标准差	10		
6	是否正确计算平均值	10		
7	是否正确计算波动系数	10		
8	是否正确计算极差	10		
9	是否正确分析两个行业的稳定性	20		

合计：_____

👤 实训二 分析竞争店铺数据

📋 **实训描述**

小宇根据自身店铺的情况和目标，找到了一家竞争店铺，希望通过分析该店铺近一个月的销售数据找到其运营特点，特别是想要看看该店铺的商品类目销量占比和各类目的浏览量情况，从而借鉴该竞争店铺的一些运营思路，并适当应用在自己的店铺运营中。

🔧 **操作指南**

小宇在店侦探中导出并整理了竞争店铺的数据，同学们现在需要利用 Power BI 对数据进行可视化分析，帮助小宇找到该店铺不同类目的销售情况。具体操作如下。

步骤 **01** 启动 Power BI，在【主页】/【数据】组中单击"Excel 工作簿"按钮 📄，打开"打开"对话框，选择"竞店数据.xlsx"素材文件（配套资源:\素材\项目三\同步实训\竞店数据.xlsx），单击 打开(O) 按钮。

微课视频

分析竞店数据

步骤 02 打开"导航器"对话框，选中"Sheet1"复选框，单击 加载 按钮。

步骤 03 在"可视化"任务窗格中单击"饼图"按钮◔，在"数据"任务窗格中展开"Sheet1"选项，然后将"类目"字段拖曳至"图例"列表框，将"30天销量/件"字段拖曳至"值"列表框。

步骤 04 拖曳饼图右下角的控制点，适当调整图表的宽度和高度，使图表大约占据页面一半的区域，如图3-50所示。

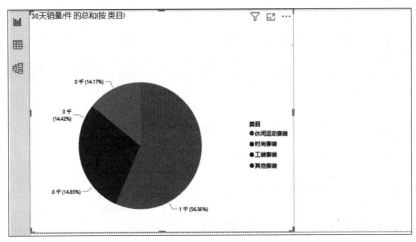

图3-50 创建图表并调整尺寸

步骤 05 在"可视化"任务窗格中单击"设置视觉对象格式"按钮，单击"常规"标签，展开"标题"选项，在"文本"文本框中将原有内容修改为"各类目近30天销量占比"，在"字号"数值框中将数字修改为"16"，依次单击"加粗"按钮 B 和"居中"按钮 ☰。

步骤 06 单击"视觉对象"标签，单击"图例"选项右侧的开关按钮，隐藏图例。

步骤 07 展开"详细信息标签"选项，在"标签内容"下拉列表中选择"类别，总百分比"选项。展开"值"选项，将字号设置为"14"，效果如图3-51所示。

由图3-51可知，该店铺的休闲运动套装类目的销量超过了整体销量的50%，其余3个类目的销量占比较为接近，均在14%左右。

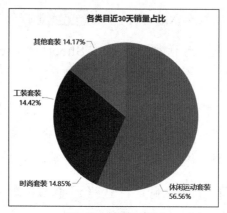

图3-51　美化饼图

步骤 08 继续在页面右侧创建簇状条形图，将"类目"字段添加到"Y轴"列表框，将"浏览量/次"字段添加到"X轴"列表框。

步骤 09 将图表标题修改为"各类目浏览量"，格式设置为"16号，加粗，居中对齐"。

步骤 10 将X轴的标题修改为"浏览量/次"，将显示单位设置为"无"，然后将标题和值的字号均设置为"14号"。

步骤 11 将Y轴的值和标题的字号也设置为"14号"。

步骤 12 单击"数据标签"选项右侧的开关按钮（⬤），显示数据标签，展开"数据标签"选项和"值"选项，将字号设置为"14号"，效果如图3-52所示（配套资源\效果\项目三\同步实训\竞店数据.pbix）。

由图3-52可知，该店铺浏览量最高的还是休闲运动套装类目，浏览量超过了50 000次。

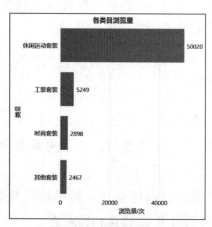

图3-52　美化条形图

实训评价

同学们完成实训操作后，提交 Power BI 效果文件，老师根据文件中的内容按表 3-2 所示内容进行打分。

表 3-2 实训评价

序号	评分内容	总分	老师打分	老师点评
1	是否正确创建饼图	20		
2	是否按照要求对饼图进行美化和设置	30		
3	是否正确创建簇状条形图	20		
4	是否按照要求对条形图进行美化和设置	30		

合计：_____

项目总结

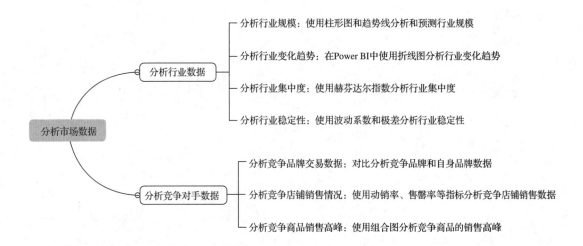

项目四

分析客户数据

　　为了迎接新一轮的营销推广，老李带着小艾召开了一次小型会议，会议的主要内容是收集客户的各种信息，包括年龄、性别、购物喜好、进店购物次数和金额等，然后将这些资料进行处理和分析，以便公司可以针对不同的客户实现精准推广。

　　小艾起初并不认为客户数据有这么重要，但老李告诉她，通过分析客户数据，公司可以了解他们的购买行为、喜好和需求，可以帮助公司完成市场细分、目标营销和促销活动的精确定位等，提高客户的忠诚度和满意度，从而增加销售业绩。小艾这才重视起来，积极投入工作当中。

学习目标

知识目标

1. 熟悉描述性统计分析、指数平滑预测法、直方图等的使用方法。
2. 掌握同比分析数据的方法。
3. 了解 RFM 模型的应用。

技能目标

1. 能够对客户数量进行描述性分析和预测，并能分析客户年龄的分布。
2. 能够分析会员的数量变化、忠诚度和价值。

素养目标

1. 培养综合使用和处理数据的能力。
2. 培养挖掘数据潜在价值的能力。

任务一 分析普通客户数据

任务描述

公司执行新的推广运营策略已经有一段时间了，为了查看运营效果，小艾需要分析近一个月的客户数量和预测下个月的客户数量。另外，按照老李的要求，小艾还需要分析店铺客户的年龄分布情况，综合了解公司的推广运营成效。

任务实施

活动一 分析近一个月客户数量

为了分析近一个月店铺的客户数量变化情况，小艾需要采集近一个月每天的访客数，然后利用 Excel 的描述性统计工具分析数据，从而全面且迅速地得到分析结果。

1. 活动准备——描述性统计分析

描述性统计分析是一种较为初级但却常用的数据分析方法，可以对总体数据做出统计性描述，从而发现数据的分布规律，挖掘数据的内在特征。描述性统计分析主要涉及集中趋势、离散程度和形态分布 3 个方面的分析。

- **集中趋势**。集中趋势反映了一组数据中心点所在的位置，分析数据的集中趋势，不仅可以找到数据的中心值或一般水平的代表值，还可以发现数据向其中心值靠拢的倾向和程度。描述集中趋势的指标主要有平均值、众数和中位数，平均值和众数前面已经有所介绍，中位数则是指将一组数据按从小到大或从大到小的顺序排列后，处于中间位置的数据。

- **离散程度**。离散程度反映了总体中各变量值之间的差异程度，分析离散程度可以发现一组数据中各变量值之间的差异程度，从而确定该组数据的波动程度。描述离散程度的指标主要有极差、标准差和方差，极差和标准差前面已经有过介绍，方差是标准差的平方。

- **形态分布**。形态分布反映了一组数据在坐标系上的形状，分析形态分布可以发现数据的分布特征。描述形态分布的指标主要有偏度和峰度，且需要假设样本的分布属于正态分布后，利用偏度和峰度进行对比。正态分布也称常态分布、高斯分布，正态分布曲线由于两头低、中间高、左右对称，似钟形，因此又被称为钟形曲线，如图4-1所示。

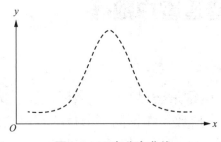

图4-1　正态分布曲线

💡 知识窗

偏度描述的是样本分布的偏斜方向和程度，偏度系数则是以正态分布为标准来描述数据对称性的指标。如果偏度系数大于0，则高峰向左偏移，长尾向右延伸，称为正偏态分布；如果偏度系数等于0，则为正态分布；如果偏度系数小于0，则高峰向右偏移，长尾向左延伸，称为负偏态分布。不同偏度系数对应的分布曲线如图4-2所示。峰度描述的是样本分布曲线的尖峰程度，峰度系数则是以正态分布曲线为标准来描述分布曲线峰顶尖峭程度的指标。如果峰度系数大于0，则两侧极端数据较少，曲线形态比正态分布曲线更高更窄，呈尖峭峰分布；如果峰度系数等于0，则为正态分布；如果峰度系数小于0，则两侧极端数据较多，曲线形态比正态分布曲线更低更宽，呈平阔峰分布。不同峰度系数对应的分布曲线如图4-3所示。

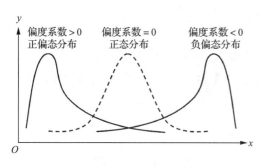

图4-2　不同偏度系数对应的分布曲线

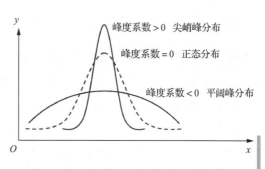

图4-3　不同峰度系数对应的分布曲线

知识窗

2. 活动说明

本次活动需要对店铺近一个月访客数的数据进行描述性统计分析，并查看该阶段访客数的具体特征。

- **采集数据**。将店铺近一个月每日的访客数录入 Excel 中，或者在店铺的客户管理软件中将数据复制到 Excel 中。
- **处理数据**。添加"日期"列，列出访客数对应的日期。配套资源的素材文件已经完成了此操作。
- **分析数据**。在 Excel 加载"数据分析"工具，利用"描述统计"工具分析数据。
- **可视化数据**。本次活动不涉及数据可视化操作。

3. 活动实施

下面在 Excel 中分析店铺近一个月的客户数量。具体操作如下。

微课视频

分析近一个月
的客户数量

步骤 01 打开"客户数量.xlsx"素材文件（配套资源:\素材\项目四\客户数量.xlsx），单击"文件"标签，选择界面左下角的"选项"选项。

步骤 02 打开"Excel选项"对话框，选择左侧的"加载项"选项，单击下方的 转到(G)... 按钮。

步骤 03 打开"加载项"对话框，选中"分析工具库"复选框，单击 确定 按钮，在操作界面中单击"数据"标签，此时可看见新增加的"分析"组，其中加载了 数据分析 按钮。

步骤 04 单击 数据分析 按钮，打开"数据分析"对话框，在"分析工具"列表框中选择"描述统计"选项，单击 确定 按钮，如图4-4所示。

步骤 05 打开"描述统计"对话框，在"输入区域"文本框中引用B2:B31单元格区域的地址，选中"输出区域"单选项，在右侧的文本框中引用E1单元格的地址，选中"汇总统计"复选框，单击 确定 按钮，如图4-5所示。

图4-4 选择分析工具

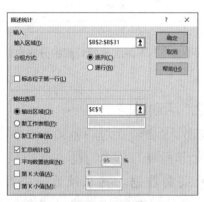

图4-5 设置描述统计参数

步骤 06 此时表格中将显示描述统计后的数据结果，如图4-6所示（配套资源:\效果\项目四\客户数量.xlsx）。

由图4-6可知，店铺近一个月每日的平均访客数量为4 853.6；中位数为3 891；峰度系数和偏度系数均大于0，表示这段时间访客数前期较多，很快达到高峰后，后期便逐渐回落；另外，标准差和方差的数值较大，也说明该组数据的离散程度高，访客数波动明显。这说明店铺的推广策略只能短暂吸引部分客户，长期来看访客数并未得到明显提升。

A	B	C	D	E	F
日期	访客数/位			列1	
11月1日	2348				
11月2日	1912			平均	4853.6
11月3日	564			标准误差	602.3608
11月4日	2505			中位数	3891
11月5日	6197			众数	#N/A
11月6日	8666			标准差	3299.266
11月7日	6707			方差	10885156
11月8日	4237			峰度系数	3.241536
11月9日	1098			偏度系数	1.487406
11月10日	3958			区域	15532
11月11日	16096			最小值	564
11月12日	5258			最大值	16096
11月13日	6760			求和	145608
11月14日	5417			观测数	30
11月15日	1966				

图4-6 描述统计的结果

活动二 预测下个月客户数量

老李将店铺近11个月的客户数量数据交给了小艾，让小艾使用指数平滑预测法预测下个月的客户数量，一方面希望她能够掌握更多的数据分析与预测方法，另一方面希望借由指数平滑预测法得到更加精确的结果。

1. 活动准备——指数平滑预测法

指数平滑预测法是对过去的观察值通过加权平均处理进行预测的一种方法，这种预测方法只需要存储少量的数据，有时甚至只需要一个最新的观察值、最新的预测值和平滑系数 α 值即可。同时，指数平滑预测法的权数是呈指数递减的，其预测结果的误差相对较小。

指数平滑预测法的平滑系数必须大于 0 且小于 1，其计算公式如下。

本期预测数 = 上期实际数 × 平滑系数 + 上期预测数 × （1 - 平滑系数）

另外，使用指数平滑预测法时，一般会设置多个平滑系数，然后找出不同平滑系数对应的均方误差，找出最小的数据，得到最小的误差。所谓均方误差，指的是一组数据中，每对实际值与预测值之差平方的平均数。

2. 活动说明

本次活动需要预测店铺下个月的客户数量，为了使预测结果更加精确，需要在不同的平滑系数下对比均方误差，选择最接近的数据结果。

- **采集数据**。将店铺近 11 个月的客户数量录入 Excel 中，或者在店铺的客户管理软件中将数据复制到 Excel 中。
- **处理数据**。添加"月份"列，列出客户数对应的月份。配套资源的素材文件已经完成了此操作。然后分别计算出平滑系数为 0.1、0.5、0.9 时对应的预测值。
- **分析数据**。计算不同平滑系数对应的均方误差，找出误差最小的结果，最终确定正确的预测值。
- **可视化数据**。本次活动不涉及数据可视化操作。

3. 活动实施

下面在 Excel 中预测店铺下个月的客户数量。具体操作如下。

微课视频

预测下个月的客户数量

步骤 **01** 打开"客户预测.xlsx"素材文件（配套资源:\素材\项目四\客户预测.xlsx），选择C3:E3单元格区域，输入"61"，按【Ctrl+Enter】组合键，表示手动输入1月对应的预测值。

步骤 **02** 选择C4:C14单元格区域，在编辑栏中输入"=0.1*B3+(1-0.1)*C3"，按【Ctrl+Enter】组合键，利用指数平滑预测法的计算公式计算出平滑系数为

0.1时的预测值，如图4-7所示。

图4-7　计算平滑系数为0.1时的预测值

步骤 03 按相同方法计算平滑系数为0.5和0.9时的预测值，如图4-8所示。

图4-8　计算平滑系数为0.5和0.9时的预测值

步骤 04 选择F4:F13单元格区域，在编辑栏中输入"=(B4-C4)^2"，按【Ctrl+Enter】组合键计算平滑系数为0.1时的均方误差，如图4-9所示。

图4-9　计算平滑系数为0.1时的均方误差

步骤 05 按相同方法计算平滑系数为0.5和0.9时的均方误差，如图4-10所示。

G4 ｜ =(B4-D4)^2

月份	新增客户/位	不同平滑系数下的预测值/位			不同平滑系数下的均方误差		
		$\alpha=0.1$	$\alpha=0.5$	$\alpha=0.9$	$\alpha=0.1$	$\alpha=0.5$	$\alpha=0.9$
1月	59.00	61.00	61.00	61.00	–	–	–
2月	71.00	60.80	60.00	59.20	104.04	121.00	139.24
3月	68.00	61.82	65.50	69.82	38.19	6.25	3.31
4月	81.00	62.44	66.75	68.18	344.55	203.06	164.30
5月	88.00	64.29	73.88	79.72	561.96	199.52	68.59
6月	93.00	66.66	80.94	87.17	693.54	145.50	33.97
7月	95.00	69.30	86.97	92.42	660.58	64.50	6.67
8月	119.00	71.87	90.98	94.74	2221.38	784.88	588.46
9月	125.00	76.58	104.99	116.57	2344.34	400.31	70.99
10月	132.00	81.42	115.00	124.16	2557.99	289.13	61.51
11月	134.00	86.48	123.50	131.22	2258.04	110.29	7.75
12月	–	91.23	128.75	133.72			
平均		–					

图4-10　计算平滑系数为0.5和0.9时的均方误差

步骤 06 选择F15:H15单元格区域，在编辑栏中输入"=AVERAGE(F4:F13)"，按【Ctrl+Enter】组合键计算各平滑系数对应的均方误差，如图4-11所示。

由图4-11可知，当平滑系数为0.9时的均方误差最小，因此应选择平滑系数为0.9时对应的预测值，该值为133.72，经四舍五入，预测下个月店铺的客户数量为134位。

F15 ｜ =AVERAGE(F4:F13)

月份	新增客户/位	不同平滑系数下的预测值/位			不同平滑系数下的均方误差		
		$\alpha=0.1$	$\alpha=0.5$	$\alpha=0.9$	$\alpha=0.1$	$\alpha=0.5$	$\alpha=0.9$
1月	59.00	61.00	61.00	61.00			
2月	71.00	60.80	60.00	59.20	104.04	121.00	139.24
3月	68.00	61.82	65.50	69.82	38.19	6.25	3.31
4月	81.00	62.44	66.75	68.18	344.55	203.06	164.30
5月	88.00	64.29	73.88	79.72	561.96	199.52	68.59
6月	93.00	66.66	80.94	87.17	693.54	145.50	33.97
7月	95.00	69.30	86.97	92.42	660.58	64.50	6.67
8月	119.00	71.87	90.98	94.74	2221.38	784.88	588.46
9月	125.00	76.58	104.99	116.57	2344.34	400.31	70.99
10月	132.00	81.42	115.00	124.16	2557.99	289.13	61.51
11月	134.00	86.48	123.50	131.22	2258.04	110.29	7.75
12月	–	91.23	128.75	133.72			
平均		–	–	–	1178.46	232.44	114.48

图4-11　计算不同平滑系数的均方误差

动手做

利用 Excel 分析工具预测

单击 数据分析 按钮，打开"数据分析"对话框，在"分析工具"列表框中选择"指数平滑"选项，利用该工具也可以进行数据预测。请利用该工具预测活动二的数据结果。其中"阻尼系数"参数表示1减去平滑系数的差值。

活动三　分析客户年龄分布情况

为了提升客户的购物体验，店铺需要对装修风格进行优化改造，小艾需要分析客户年龄分布情况，明确到店客户的主要年龄。

1. 活动准备——频数、频率与直方图

频数也叫次数，是变量值出现在某个类别或区间的次数。与频数相关的百分比是频率，频率是对象出现的次数与总次数的比值。使用频数或频率分析变量，能够了解变量取值的状况及数据的分布特征。

直方图类似于柱形图，由一系列高度不等的纵向条纹或线段来表示数据分布的情况，能够直观地展示频数、频率等结果。在Excel中使用直方图分析工具可以轻松完成频数、频率的分析工作。

2. 活动说明

本次活动需要分析店铺某个时期的客户年龄情况，从整体上了解客户年龄的结构情况。

- **采集数据**。将店铺后台管理数据中某个时期的客户编号和年龄数据复制到 Excel 中。
- **处理数据**。新建一列年龄排序数据，然后对年龄进行分组，并设置分组上限。
- **分析数据**。使用直方图工具统计不同年龄的分布情况。
- **可视化数据**。通过直方图查看店铺客户的年龄分布。

3. 活动实施

下面在 Excel 中分析店铺客户的年龄。具体操作如下。

微课视频

分析客户年龄
分布情况

步骤 01 打开"客户年龄.xlsx"素材文件（配套资源:\素材\项目四\客户年龄.xlsx），将B列数据复制到C列，将C1单元格中的内容修改为"年龄/岁（排序后）"。

步骤 02 选择C2:C31单元格区域，单击【数据】/【排序和筛选】组中的"升序"按钮⇣，打开"排序提醒"对话框，选中"以当前选定区域排序"单选项，单击 排序(S) 按钮，如图4-12所示。

	A	B	C
1	客户编号	年龄/岁	年龄/岁（排序后）
2	FYNZ001	36	18
3	FYNZ002	40	18
4	FYNZ003	39	19
5	FYNZ004	19	21
6	FYNZ005	40	22
7	FYNZ006	41	23
8	FYNZ007	29	24
9	FYNZ008	18	25
10	FYNZ009	41	27
11	FYNZ010	44	29
12	FYNZ011	29	29
13	FYNZ012	23	29
14	FYNZ013	30	30

排序提醒

Microsoft Excel 发现在选定区域旁还有数据，该数据未被选择，将不参加排序。

给出排序依据

○ 扩展选定区域(E)

● 以当前选定区域排序(C)

排序(S)　取消

图4-12 排列年龄数据

步骤 03 在D列和E列分别输入年龄的分组上限和分组数据，如图4-13所示。

	A	B	C	D	E	F	G	H	I
1	客户编号	年龄/岁	年龄/岁（排序后）	分组上限	分组				
2	FYNZ001	36	18	20	<=20				
3	FYNZ002	40	18	30	21~30				
4	FYNZ003	39	19	40	31~40				
5	FYNZ004	19	21	50	41~50				

图4-13　输入分组上限及分组数据

步骤 04 单击 数据分析 按钮，打开"数据分析"对话框，在"分析工具"列表框中选择"直方图"选项，单击 确定 按钮。

步骤 05 打开"直方图"对话框，在"输入区域"文本框中引用C2:C31单元格区域的地址，在"接收区域"文本框中引用D2:D5单元格区域的地址，选中"输出区域"单选项，在右侧的文本框中引用H1单元格的地址，选中"累积百分率"和"图表输出"复选框，单击 确定 按钮，如图4-14所示。

图4-14　设置直方图参数

步骤 06 Excel将得到分析结果并创建直方图，如图4-15所示（配套资源:\效果\项目四\客户年龄.xlsx）。

结合表格中的分组数据可知，店铺的客户年龄主要集中在21~40岁，店铺升级应重点参考这类客户的喜好。

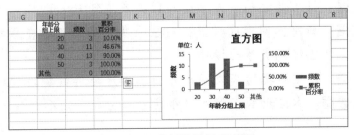

图4-15　分析结果及直方图

任务二 分析会员数据

任务描述

与普通客户相比，会员具有更高的忠诚度，他们更容易接受店铺的商品和服务，愿意产生多次交易行为。小艾接下来需要重点分析会员数据，以便了解会员数量的增减变化情况、查看会员的忠诚度，并能分析每位会员的潜在价值，为公司制订精确的客户营销推广策略提供数据支撑。

任务实施

👤 活动一 分析会员数量增减变化

公司为了留住更多的客户，已经推行了新的会员制度，为了解会员制度的推行效果，小艾需要分析会员数量的增减变化情况。

1. 活动准备——同比分析法

同比分析法是对同类指标本期与上年同期数据进行比较，通过计算结果分析增减变化的一种方法，它可以比较同一指标在不同时间段的变化情况。同比分析法可以消除淡旺季、活动期等因素的影响，数据更加客观和准确。例如，如果将本月正常销售额与上月活动销售额相比，会造成较大的数据波动，不利于分析。而如果将今年某月活动销售额与去年同月活动销售额相比，就可以排除活动期干扰，反映活动销售额的真实变化情况。

同比分析法常使用同比增长率这个指标来判断数据变化情况，该指标的计算公式如下。

$$同比增长率＝（本期数－上年同期数）/上年同期数 \times 100\%$$

2. 活动说明

本次活动需要对比店铺近两年各季度的会员数量增减变化情况，以查看今年推出的新会员制度是否有成效。

- **采集数据。**将店铺近两年各季度的数据采集到 Excel 中。
- **处理数据。**新建一列季度数据，对应采集到的会员数量数据。配套资源的素材文件已经完成了此操作。
- **分析数据。**使用数据透视表同比分析各季度会员数量的增减变化。
- **可视化数据。**本活动暂不涉及可视化数据分析。

3. 活动实施

下面在 Excel 中分析与去年同期相比，店铺今年各季度的会员数量变化。具体操作如下。

步骤 01 打开"会员数量.xlsx"素材文件（配套资源:\素材\项目四\会员数量.xlsx），以表格数据为数据源在新工作表中创建数据透视表。

步骤 02 将"月份"字段添加到"行"列表框，添加月份后，Excel会根据日期型数据自动新增年、季度、月份等字段，之后再删除自动出现的"年"字段，并删除"月份"字段，仅保留"季度"字段。然后将"年"字段添加到"列"列表框，将"会员数量/位"字段添加到"值"列表框，如图4-16所示。

图4-16 添加并调整数据透视表字段

步骤 03 在数据透视表中显示汇总数据的任意单元格上单击鼠标右键，在弹出的快捷菜单中选择【值显示方式】/【差异】命令，打开"值显示方式"对话框，在"基本字段"下拉列表中选择"年"选项，在"基本项"下拉列表中选择"（上一个）"选项，单击 确定 按钮，得到2023年各季度会员的增长数据，如图4-17所示。

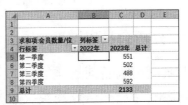

图4-17 设置值的差异显示方式及结果

步骤 04 再次将"会员数量/位"字段添加到"值"列表框，在E列任意包含数据的单元格上单击鼠标右键，在弹出的快捷菜单中选择【值显示方式】/【差异百分比】命令，打开"值显示方式"对话框，在"基本字段"下拉列表中选择"年"选项，在"基本项"下拉列表中选择"（上一个）"选项，单击 确定 按钮，得到2023年各季度会员的增长率数据，如图4-18所示。

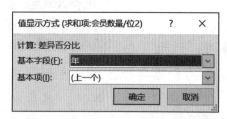

图4-18 设置值的差异百分比显示方式及结果

步骤 05 按住【Ctrl】键的同时依次单击B列、C列、F列、G列列标，在任意选中的列标上单击鼠标右键，在弹出的快捷菜单中选择"隐藏"命令。

步骤 06 双击D5单元格，打开"值字段设置"对话框，在"自定义名称"文本框中输入"同比增长值/位"，按相同方法将E5单元格的值字段名称修改为"同比增长率"，如图4-19所示（配套资源:\效果\项目四\会员数量.xlsx）。

由图4-19可知，新的会员制度推行后，今年各季度会员同比增长率都较高，说明制度的成效是非常不错的。但是，从第一季度到第四季度，同比增长率整体上来说是在逐渐下降的，这点需要引起重视，公司可以采取优化制度、推行更有吸引力的会员优惠措施等，以吸引更多客户成为店铺会员。

行标签	2023年 同比增长值/位	同比增长率
第一季度	551	121.90%
第二季度	502	82.57%
第三季度	488	65.68%
第四季度	592	70.06%
总计	2133	80.55%

图4-19 修改字段名称

👤 活动二　分析会员忠诚度

会员忠诚度影响店铺的竞争力，会员忠诚度高说明店铺竞争力强，同时会员忠诚度也影响会员的重复购买次数。小艾需要了解店铺男女会员的忠诚度情况，然后向老李提交分析结果。

1. 活动准备——会员忠诚度

会员忠诚度指的是会员出于对店铺商品或服务的喜好而产生重复购买行为的程度。影响会员忠诚度的指标较多，其中购买频次、重复购买率是较为常用的两个指标。

重复购买率也叫复购率，是会员忠诚度的核心指标，需要依据购买频次进行计算，计算方法主要有以下两种，使用时可以根据自身运营要求进行选择。

（1）重复购买率 = 重复购买会员数量 / 会员样本数量 ×100%

上述公式中，假设会员样本为 100 人，其中 50 人重复购买（不考虑重复购买了几次），则此时重复购买率 =50/100×100%=50%。

（2）重复购买率 = 会员重复购买次数（或交易次数）/ 会员样本数量 ×100%

假设会员样本为 100 人，其中 50 人重复购买，这 50 人中有 35 人重复购买 1 次（即购买 2 次），有 15 人重复购买 2 次（即购买 3 次），此时重复购买率 =（35×1+15×2）/100×100%=65%。

2. 活动说明

本次活动需要按性别分析店铺会员的忠诚度情况，以便针对不同性别的会员提供更加精准的服务。

- **采集数据**。采集店铺会员的姓名、性别、年龄，以及在指定阶段的交易次数等。
- **处理数据**。按性别和交易次数排列数据，结合 COUNT 函数计算不同性别会员的忠诚度。
- **可视化数据**。建立柱形图对比分析不同性别会员的忠诚度。

3. 活动实施

下面在 Excel 中分析会员的忠诚度数据。具体操作如下。

步骤 01 打开"会员忠诚度.xlsx"素材文件（配套资源:\素材\项目四\会员忠诚度.xlsx），选择A1:D61单元格区域，在【数据】/【排序和筛选】组中单击"排序"按钮。

步骤 02 打开"排序"对话框，在"主要关键字"下拉列表中选择"性别"选项；单击 添加条件(A) 按钮，在"次要关键字"下拉列表中选择"交易次数/次"选项，在"次序"栏的下拉列表中选择"降序"选项，单击 确定 按钮，如图4-20所示。

微课视频

分析会员忠诚度

图4-20　设置排序条件

步骤 03 在F2、F3单元格中分别输入"男性"和"女性"。

步骤 04 选择G2单元格，按照"重复购买率=会员重复购买次数（或交易次数）/会员样本数量×100%"的计算公式，在编辑栏中输入"=(COUNT(C2:C14)*2+COUNT(C15:C33))/COUNT(C2:C45)*100%"，表示重复购买2次和重复购买1次的男性会员交易次数与所有男性会员数量的比率，按【Ctrl+Enter】组合键返回计算结果。

步骤 05 选择G3单元格，在编辑栏中输入"=(COUNT(C46:C48)*2+COUNT(C49:C56))/COUNT(C46:C61)*100%"，表示重复购买2次和重复购买1次的女性会员交易次数与所有女性会员数量的比率，按【Ctrl+Enter】组合键返回计算结果，如图4-21所示。

G3		▼	:	×	✓	fx	=(COUNT(C46:C48)*2+COUNT(C49:C56))/COUNT(C46:C61)*100%		
▲	A	B	C	D	E	F	G	H	I
1	姓名	性别	年龄/岁	交易次数/次					
2	李严	男	29	3		男性	102.3%		
3	茅童	男	33	3		女性	87.5%		
4	路嘉玮	男	34	3					
5	禹万纯	男	37	3					
6	常悦斌	男	31	3					
7	胡锦	男	40	3					
8	伍黛时	男	42	3					
9	严楠	男	38	3					

图4-21　计算不同性别会员的重复购买率

步骤 06 以F2:G3单元格区域为数据源创建柱形图，为其应用"样式7"图表样式，删除图例，将横坐标轴和纵坐标轴的标题分别修改为"会员性别"和"重复购买率"。

步骤 07 将图表字体格式设置为"方正兰亭纤黑简体，10号"，添加数据标签，调整图表尺寸，如图4-22所示（配套资源:\效果\项目四\会员忠诚度.xlsx）。

由图4-22可知，男性会员重复购买率超过100%，女性会员重复购买率超过

85%，充分说明会员的忠诚度是非常高的。另外，男性会员重复购买率高出女性会员重复购买率近15个百分点，说明店铺的商品和服务更令男性会员满意。为进一步提高女性会员的重复购买率，店铺在今后的运营中可以从客服、店铺页面、商品图片和详情页文案等方面着手，提升女性会员的满意度。

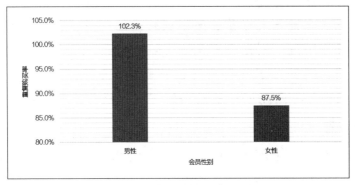

图4-22　创建并设置柱形图

活动三　分析会员价值

为了增强会员的购物体验，公司需要根据每位会员不同的购物行为挖掘相应的价值，然后向其推广合适的购物信息。老李要求小艾利用RFM模型挖掘会员的潜在价值，以便对每位会员进行正确定位。

1. 活动准备——RFM模型

RFM模型是描述会员价值的一种工具，该模型包含3个维度，分别是最近一次交易时间、交易频率和交易金额。

- **最近一次交易时间（Recency，对应R维度）。**此指标需要与当前时间相减，从而转化为会员最近一次交易时间与当前时间的时间间隔。间隔越短，评价越高；间隔越长，评价越低。
- **交易频率（Frequency，对应F维度）。**此指标表示会员在指定时期内重复购买的次数。次数越多，评价越高；次数越少，评价越低。
- **交易金额（Monetary，对应M维度）。**此指标表示会员在指定时期内购物花费的金额。金额越多，评价越高；金额越少，评价越低。

从这3个维度出发，就能对会员进行细分，结合3个维度的细分结果，就能得出该会员的价值，从而实现精准营销。例如，将评价层级分为高、低，那么"高高高"类型的会员就极具价值，可以为其提供更多的个性化服务，为其定制更多的会员特权；"高低低"类型的会员交易频率和交易金额都较低，只是最近一次交易时间较近，可以加强联系，通过品牌、服务等提高其购物兴趣。

2. 活动说明

本次活动需要借助 RFM 模型对每位会员在 RFM 模型中对应的 3 个维度进行评价，为公司后期细分会员类型和精准推广提供数据支持。

- **采集数据**。采集店铺会员的姓名、上次交易时间，以及在指定时期内的交易次数和交易金额。
- **处理数据**。利用上次交易时间得到时间间隔数据，对所有会员 3 个维度的数据求平均值，以此为高与低的评价标准。
- **分析数据**。利用 IF 函数评价每位会员的各个维度。
- **可视化数据**。本活动不涉及数据的可视化操作。

3. 活动实施

下面在 Excel 中结合 RFM 模型分析每位会员价值。具体操作如下。

微课视频

分析会员价值

步骤 01 打开"会员价值.xlsx"素材文件（配套资源:\素材\项目四\会员价值.xlsx），在C列列标上单击鼠标右键，在弹出的快捷菜单中选择"插入"命令，插入新列，在C1单元格中输入"时间间隔/天"。

步骤 02 选择C2:C61单元格区域，在编辑栏中输入"=TODAY()-B2"，按【Ctrl+Enter】组合键计算每位会员今天与上次交易时间的间隔天数，然后在【开始】/【数字】组的"数字格式"下拉列表中选择"常规"选项，如图4-23所示。

	A	B	C	D	E
1	姓名	上次交易时间	时间间隔/天	交易次数/次	交易金额/元
2	李严	2023-1-26	283	3	218.0
3	徐允和	2023-5-1	188	2	221.0
4	安月	2022-11-13	357	2	254.0
5	葛亮	2022-12-15	325	1	260.0
6	倪霞暖	2023-4-26	193	1	669.0
7	蔡可	2022-9-27	404	2	648.0
8	姜梦瑀	2023-1-6	303	3	183.0
9	汪照	2023-3-1	249	2	432.0

图4-23　计算时间间隔

步骤 03 选择C62:E62单元格区域，在编辑栏中输入"=AVERAGE(C2:C61)"，按【Ctrl+Enter】组合键计算所有会员在3个维度上的平均值，如图4-24所示。

C62	▼	⋮	×	✓	fx	=AVERAGE(C2:C61)		
	A	B	C	D	E	F	G	H
49	任晨瑾	2022-10-2	399	2	762.0			
50	郭嘉	2022-10-6	395	1	262.0			
51	余君	2023-4-30	189	2	522.0			
52	钱枝	2021-10-16	750	1	241.0			
53	吕立	2023-3-13	237	1	852.0			
54	尹夏爽	2022-11-11	359	2	214.0			
55	季琳君	2023-3-7	243	2	590.0			
56	柏晓晨	2022-12-3	337	3	598.0			
57	席韵文	2022-11-29	341	1	474.0			
58	罗莲姬	2023-1-11	298	3	897.0			
59	葛若雷	2022-10-26	375	3	558.0			
60	汪荷琛	2022-11-29	341	1	540.0			
61	邹鸣	2022-6-28	495	1	544.0			
62			303.9	2.0	506.2			
63								

图4-24　计算各维度平均值

步骤 04 在F1单元格中输入"R"，选择F2:F61单元格区域，在编辑栏中输入"=IF(C2>$C$62,"低","高")"，按【Ctrl+Enter】组合键计算所有会员在R维度上的评价结果，如图4-25所示。

F2	▼	⋮	×	✓	fx	=IF(C2>$C$62,"低","高")		
	A	B	C	D	E	F	G	H
1	姓名	上次交易时间	时间间隔/天	交易次数/次	交易金额/元	R		
2	李严	2023-1-26	283	3	218.0	高		
3	徐允和	2023-5-1	188	2	221.0	高		
4	安月	2022-11-13	357	2	254.0	低		
5	葛亮	2022-12-15	325	1	260.0	低		
6	倪霞暖	2023-4-26	193	1	669.0	高		
7	蔡可	2022-9-27	404	2	648.0	低		
8	姜梦瑶	2023-1-6	303	3	183.0	高		
9	汪煦	2023-3-1	249	2	432.0	高		
10	茅童	2022-11-24	346	3	260.0	低		
11	钱飘茹	2023-1-4	305	2	230.0	低		

图4-25　评价会员的R维度

步骤 05 在G1单元格中输入"F"，选择G2:G61单元格区域，在编辑栏中输入"=IF(D2>=$D$62,"高","低")"，按【Ctrl+Enter】组合键计算所有会员在F维度上的评价结果，如图4-26所示。

G2	▼	⋮	×	✓	fx	=IF(D2>=$D$62,"高","低")		
	A	B	C	D	E	F	G	H
1	姓名	上次交易时间	时间间隔/天	交易次数/次	交易金额/元	R	F	
2	李严	2023-1-26	283	3	218.0	高	高	
3	徐允和	2023-5-1	188	2	221.0	高	高	
4	安月	2022-11-13	357	2	254.0	低	高	
5	葛亮	2022-12-15	325	1	260.0	低	低	
6	倪霞暖	2023-4-26	193	1	669.0	高	低	
7	蔡可	2022-9-27	404	2	648.0	低	高	
8	姜梦瑶	2023-1-6	303	3	183.0	高	高	
9	汪煦	2023-3-1	249	2	432.0	高	高	
10	茅童	2022-11-24	346	3	260.0	低	高	

图4-26　评价会员的F维度

步骤 06 在H1单元格中输入"M"，选择H2:H61单元格区域，在编辑栏中输入"=IF(E2>=$E$62,"高","低")"，按【Ctrl+Enter】组合键计算所有会员在M维度上的评价结果，如图4-27所示（配套资源:\效果\项目四\会员价值.xlsx）。

	A	B	C	D	E	F	G	H	I
	姓名	上次交易时间	时间间隔/天	交易次数/次	交易金额/元	R	F	M	
2	李严	2023-1-26	283	3	218.0	高	高	低	
3	徐允和	2023-5-1	188	2	221.0	高	高	低	
4	安月	2022-11-13	357	2	254.0	低	高	低	
5	葛亮	2022-12-15	325	1	260.0	低	低	低	
6	倪霞瑗	2023-4-26	193	1	669.0	高	低	高	
7	蔡可	2022-9-27	404	2	648.0	低	高	高	
8	姜梦瑶	2023-1-6	303	3	183.0	高	高	低	
9	汪照	2023-3-1	249	2	432.0	高	高	低	
10	茅童	2022-11-24	346	3	260.0	低	高	低	
11	钱飘茹	2023-1-4	305	2	230.0	低	高	低	

单元格H2内容：=IF(E2>=$E$62,"高","低")

图4-27 评价会员的M维度

📝 素养小课堂

数据分析是一项综合性的能力，需要分析人员掌握数据处理、统计分析、数据可视化，甚至数据建模和预测以及业务解释等多个方面的知识和技能。只有不断学习和实践，才能提升在数据分析领域的素养，成为一名优秀的数据分析人才。

同步实训

👤 实训一　分析客户画像

📋 实训描述

小宇为更好地了解店铺客户的情况，采集了特定时期内到店客户的姓名、性别、年龄、所在地等数据。请同学们综合运用描述性统计工具、数据透视表、数据透视图等来帮助小宇完成客户画像的分析工作。

✖ 操作指南

同学们首先需要使用描述性统计工具分析客户年龄，然后使用数据透视表和数据透视图分析客户性别占比和地域分布情况。具体操作如下。

步骤 01 打开"客户画像.xlsx"素材文件（配套资源:\素材\项目四\同步实训\客户画像.xlsx），单击 📊数据分析 按钮，打开"数据分析"对话框，在"分析工具"列表框中选择"描述统计"选项，单击 确定 按钮。

步骤 02 打开"描述统计"对话框，在"输入区域"文本框中引用B2:B40单元格区域的地址，选中"输出区域"单选

微课视频

分析客户画像

项，在右侧的文本框中引用G1单元格的地址，选中"汇总统计"复选框，单击 确定 按钮。

步骤 03 此时Excel将完成对选择区域数据的描述性统计分析，如图4-28所示。

由图4-28可知，客户平均年龄约22岁，中位数为22，众数为18，说明店铺较受年轻人喜爱。偏度系数大于0，年龄曲线呈正偏态分布，峰度系数大于0，年龄曲线呈尖峭峰分布，这也说明客户年龄整体较为年轻化。

	A	B	C	D	E	F	G	H	I	J
1	姓名	年龄/岁	性别	所在地				列1		
2	蔡浩霄	20	男	北京						
3	陈眉	25	男	杭州			平均	22.28205		
4	范可	25	男	重庆			标准误差	0.601335		
5	韩旭淇	20	男	北京			中位数	22		
6	霍婷晴	23	女	上海			众数	18		
7	柳融	19	男	重庆			标准差	3.755338		
8	卢惠吉	25	男	武汉			方差	14.10256		
9	马亚	25	男	北京			峰度系数	0.625042		
10	马园以	23	男	广州			偏度系数	1.005971		
11	莫沐她	18	女	上海			区域	14		
12	彭沐可	18	男	杭州			最小值	18		
13	彭佩怡	23	女	杭州			最大值	32		
14	钱文瑶	22	女	上海			求和	869		
15	邱茜	20	女	上海			观测数	39		
16	任泰	24	男	武汉						
17	盛蕊欣	19	女	深圳						
18	盛瑶	23	女	重庆						
19	史蓉奇	19	女	武汉						
20	苏奕航	19	男	成都						

图4-28 对年龄进行描述性统计分析

步骤 04 以A1:D40单元格区域为数据源，在L1单元格处创建数据透视表，"行"字段为"性别"，"值"字段为"姓名"。在数据透视表的基础上创建数据透视图，类型为饼图。

步骤 05 为饼图应用"样式1"图表样式，调整图表尺寸，将图表字体格式设置为"方正兰亭纤黑简体，10号"，将图表标题修改为"客户性别占比"。接着双击数据标签，在显示的"设置数据标签格式"任务窗格底部展开"数字"选项，在"类别"下拉列表中选择"百分比"选项，完成图表的设置操作，效果如图4-29所示。由图4-29可知，店铺男女客户的占比较为接近，说明店铺能够同时被不同性别的客户所接受。

步骤 06 再次以A1:D40单元格区域为数据源，在R1单元格处创建数据透视表，"行"字段为"所在地"，"值"字段为"姓名"。在数据透视表的基础上创建数据透视图，类型为条形图。

步骤 07 为条形图应用"样式7"图表样式，删除图例，添加图表标题，将标题修改为"客户所在地分布"，然后将横坐标轴和纵坐标轴的标题分别修改为

"数量/位"和"所在地"。

步骤 08 调整图表尺寸，将图表字体格式设置为"方正兰亭纤黑简体，10号"，完成图表的设置操作，效果如图4-30所示（配套资源:\效果\项目四\同步实训\客户画像.xlsx）。

由图4-30可知，店铺客户的所在地以北京最多，其次是上海和杭州，整体而言都是经济较为发达的城市。

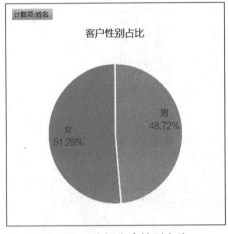

图4-29　分析客户性别占比

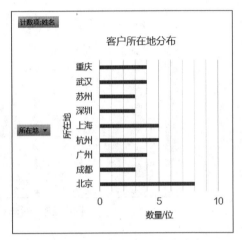

图4-30　分析客户所在地分布

💬 实训评价

同学们完成实训操作后，提交 Excel 效果文件，并在效果文件中插入文本框，输入分析结果。老师根据文件中的内容按表 4-1 所示内容进行打分。

表 4-1　实训评价

序号	评分内容	总分	老师打分	老师点评
1	能否正确完成描述性统计分析操作	20		
2	能否正确分析客户年龄数据	20		
3	能否正确分析客户性别占比	30		
4	能否正确分析客户所在地分布情况	30		

合计：＿＿＿＿＿＿

实训二 分析会员交易额

实训描述

小宇店铺的会员数量在稳定增加，但是他并不清楚会员的交易额变化情况，为此，小宇只能用今年网店的会员交易额数据与去年实体店的会员交易额数据进行分析。请同学们利用同比分析法分析小宇店铺今年会员的交易额情况，看看增长率的变化。

操作指南

同学们可以使用数据透视表来完成本次实训。具体操作如下。

步骤 01 打开"会员交易额.xlsx"素材文件（配套资源:\素材\项目四\同步实训\会员交易额.xlsx），以表格数据为数据源在新工作表中创建数据透视表。将"月份"字段添加到"行"列表框，保留"季度"字段，将"年"字段添加到"列"列表框，将"会员交易额/元"字段添加到"值"列表框，如图4-31所示。

微课视频

分析会员交易额

图4-31 创建数据透视表并添加字段

步骤 02 在C5单元格上单击鼠标右键，在弹出的快捷菜单中选择【值显示方式】/【差异】命令，打开"值显示方式"对话框，在"基本字段"下拉列表中选择"年"选项，在"基本项"下拉列表中选择"（上一个）"选项，单击 **确定** 按钮，得到2023年各季度会员交易额的增长数据，如图4-32所示。

图4-32 设置值的差异显示方式及结果

步骤 03 再次将"会员交易额/元"字段添加到"值"列表框，在E5单元格上单击鼠标右键，在弹出的快捷菜单中选择【值显示方式】/【差异百分比】命令，打开"值显示方式"对话框，在"基本字段"下拉列表中选择"年"选项，在"基本项"下拉列表中选择"（上一个）"选项，单击 确定 按钮，得到2023年各季度会员交易额增长率数据，如图4-33所示。

图4-33 设置值的差异百分比显示方式及结果

步骤 04 隐藏B列、C列、F列、G列，双击D5单元格，打开"值字段设置"对话框，在"自定义名称"文本框中输入"同比增长额/元"，按相同方法将E5单元格中的值字段名称修改为"同比增长率"，如图4-34所示（配套资源:\效果\项目四\同步实训\会员交易额.xlsx）。

由图4-34可知，小宇店铺的会员数量虽然在稳步上升，但同比去年实体店的会员交易额而言，各季度的交易额都是减少的。一方面可能是店铺会员数量不及实体店会员数量，造成交易额减少，另一方面也可能是店铺客户交易额确实更少。因此小宇需要进一步从会员数量上分析出现问题的原因：如果是数量引起的，则应当优化会员制度，提高会员数量；如果是交易额少引起的，则要考虑如何增加会员交易额。

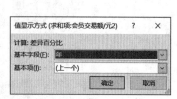

图4-34 修改字段名称

实训评价

　　同学们完成实训操作后，提交 Excel 效果文件，并在效果文件中插入文本框，输入分析结果。老师根据文件中的内容按表 4-2 所示内容进行打分。

表 4-2　实训评价

序号	评分内容	总分	老师打分	老师点评
1	能否正确创建数据透视表	30		
2	能否正确设置数据透视表的字段	50		
3	能否正确分析会员交易额的同比增减情况	20		

合计：＿＿＿＿＿＿＿＿

项目总结

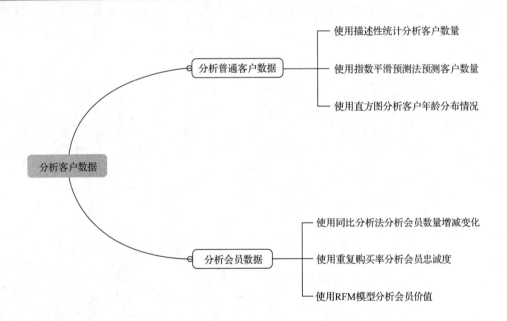

分析客户数据

分析普通客户数据
— 使用描述性统计分析客户数量
— 使用指数平滑预测法预测客户数量
— 使用直方图分析客户年龄分布情况

分析会员数据
— 使用同比分析法分析会员数量增减变化
— 使用重复购买率分析会员忠诚度
— 使用RFM模型分析会员价值

项目五

分析商品数据

职场情境

　　公司近期需要对店铺中的商品来一次"大清洗"，引进一些更有竞争力的商品，淘汰那些不被市场接受的商品，从而让公司在市场上处于更有利的竞争地位。

　　为了保证此次"大清洗"的精准度，数据分析部门需要对商品数据展开分析工作。小艾在会议上大体了解了本次的分析任务，主要包括两大方面：一方面是分析市场上的商品类目和价格数据，这有利于公司重新布局商品结构；另一方面是公司商品的获客数据与盈利数据，这直接决定了哪些商品需要保留，哪些商品需要淘汰。

学习目标

知识目标

1. 了解黄金价格点的计算方法。
2. 熟悉漏斗模型在数据分析中的应用。
3. 熟悉多项式趋势线的特点。

技能目标

1. 能够针对行业中商品的类目和价格数据进行合理分析。
2. 能够有效分析店铺商品的获客能力和盈利能力。

素养目标

1. 培养从全局的角度思考和分析问题的能力。
2. 培养商业意识与职业素养。

任务一 分析商品行业数据

任务描述

公司为了更好地布局店铺商品，并确定更有竞争力的定价，需要对商品行业数据进行分析。小艾按照老李的指示，首先分析近一年的男装套装各类目的市场交易额，找出市场份额较大的类目，然后根据竞争对手的商品定价数据，为店铺即将上新的一款商品进行定价。

任务实施

活动一 分析商品类目数据

小艾准备在 Power BI 中完成商品类目数据的分析工作，一方面可以让自己更加熟悉 Power BI 的操作方法，另一方面也可以通过 Power BI 更好地进行数据的可视化展现。

1. 活动说明

本次活动将统计男装套装市场不同类目商品近一年的交易总额，然后通过柱形图和饼图查看各类目商品的交易额大小和交易额占比情况，从而选择合适的商品类目。

- **采集数据**。利用生意参谋或其他第三方平台采集男装套装行业各类目近12个月的交易额数据，并存储到 Excel 中。
- **处理数据**。在 Power BI 中合计各类目商品的交易总额。
- **可视化数据**。分别使用柱形图和饼图分析各类目交易额情况。

2. 活动实施

下面在 Power BI 中分析近一年的男装套装各类目商品的交易额情况。具体操作如下。

步骤 01 启动Power BI，导入"商品类目数据.xlsx"素材文件中的数据（配套资源:\素材\项目五\商品类目数据.xlsx），并在导入界面单击 转换数据 按钮。

微课视频

分析商品类目数据

步骤 02 在【添加列】/【常规】组中单击"自定义列"按钮 ，打开"自定义列"对话框，在"新列名"文本框中输入"合计/元"，在"自定义列公式"栏中将1月至12月这几个字段相加，单击 确定 按钮。

步骤 03 在【主页】/【转换】组中单击 数据类型: 任意 下拉按钮，在弹出的下拉列表中选择"整数"选项，如图5-1所示。在"关闭"组中单击"关闭并应用"按钮 。

图5-1 设置数据类型

步骤 04 在报表区域创建簇状柱形图，将"类目"字段拖曳至"X轴"列表框，将"合计/元"字段拖曳至"Y轴"列表框。

步骤 05 将图表大小调整为占据报表区域一半。

步骤 06 将图表标题设置为"男装套装各类目交易总额"，将字号设置为"16"，加粗并居中对齐。

步骤 07 将Y轴标题设置为"合计/元"，将显示单位设置为"无"。

步骤 08 单击"数据标签"选项，然后将X轴、Y轴和数据标签的字号均调整为"14"，设置后的图表效果如图5-2所示。

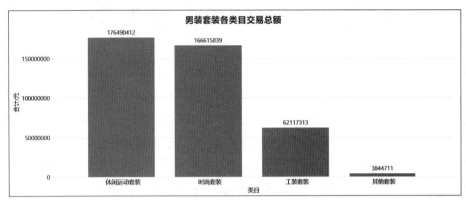

图5-2 设置的柱形图效果

步骤 09 在报表区域创建饼图，将"类目"字段拖曳至"图例"列表框，将"合计/元"字段拖曳至"值"列表框。

步骤 10 将图表标题设置为"男装套装各类目交易总额占比"，将字号设置为"16"，加粗并居中对齐。

步骤 11 隐藏图例，展开"详细信息标签"栏，在"标签内容"下拉列表中选择"类别、总百分比"选项，将字号设置为"14"，效果如图5-3所示（配套资源:\效果\项目五\商品类目数据.xlsx）。

由图5-3可知，近一年男装套装行业中交易额较大的是休闲运动套装和时尚套装，全年交易额均超过160 000 000元，占比接近整个男装套装行业的84%；工装套装全年交易额超过60 000 000元，行业占比超过15%；其他套装全年交易额接近4 000 000元，行业占比不到1%。

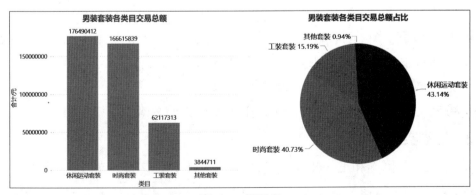

图5-3 效图果

👤 活动二　确定商品定价

合理的商品定价既能让公司获取利润，又能使商品价格具有一定的竞争力，从而吸引更多的客户。小艾将尝试通过分析行业中竞争对手的商品定价来确定自己商品的价格。

1. 活动准备——黄金价格点

黄金价格点指的是采集若干主要竞争商品的价格，利用其中的最低价和最高价，结合黄金分割点"0.618"所计算的本商品参考定价，其计算公式如下。

黄金价格点 = 竞品最低价 +（竞品最高价 − 竞品最低价）× 0.618

如果计算出的价格在商品预期的定价范围之内，则可以考虑以这个价格为商品的初步定价，然后结合竞争对手的商品价格和折扣率，以及适当的定价技巧，进一步完善定价数据。

> 📝 **素养小课堂**
>
> 党的二十大报告指出："建设现代化产业体系。坚持把发展经济的着力点放在实体经济上，推进新型工业化，加快建设制造强国、质量强国、航天强国、交通强国、网络强国、数字中国。"我们在商务运营的过程中，同样应把好质量关，将为社会大众提供高质量的商品作为企业经营的基本要求，杜绝在商品价格上弄虚作假，扰乱市场，损害人民的利益。

2. 活动说明

本次活动将首先在电子商务平台搜索同类商品，找到最受欢迎的价格区间，然后利用黄金价格点计算商品定价。接着采集若干竞争对手的商品价格数据，计算折扣率，进一步调整价格数据。

- **采集数据**。在电子商务平台搜索同类商品，采集竞争商品的发布价和促销价数据。
- **处理数据**。计算折扣率，将其乘以通过黄金价格点法得到的定价数据，然后采取一定的定价技巧完善价格数据。
- **分析数据**。本次活动不涉及分析数据的内容。
- **可视化数据**。本次活动不涉及可视化数据的内容。

3. 活动实施

下面结合淘宝网和 Excel 完成商品定价工作。具体操作如下。

步骤 01 访问淘宝网官方网站，在搜索栏输入"休闲运动套装男"，按【Enter】

键显示搜索结果。

步骤 02 单击图5-4底部柱形图中最长的图形对象，查询最受客户欢迎的价格区间，该区间的最低价和最高价显示在左侧的文本框中，利用黄金价格点的计算公式，便能得到商品参考定价。即参考定价=竞品最低价+（竞品最高价-竞品最低价）× 0.618=142+（867-142）×0.618=590.05（元）。

微课视频

确定商品定价数据

图5-4　计算初步定价数据

步骤 03 打开"商品定价数据.xlsx"素材文件（配套资源\素材\项目五\商品定价数据.xlsx），其中已经采集并整理好在淘宝网中与本商品具有竞争关系的商品的发布价和促销价。

步骤 04 选择D1单元格，输入"折扣率"，选择D2单元格，利用"促销价之和除以发布价之和"的公式计算折扣率，即在编辑栏中输入"=SUM(C2:C51)/SUM(B2:B51)"，按【Enter】键返回计算结果，如图5-5所示。

D2		fx	=SUM(C2:C51)/SUM(B2:B51)					
	A	B	C	D	E	F	G	H
1	序号	发布价/元	促销价/元	折扣率				
2	1	658	494	0.686				
3	2	683	492					
4	3	482	281					
5	4	778	337					
6	5	694	581					
7	6	755	459					
8	7	697	456					
9	8	417	326					
10	9	790	587					
11	10	619	499					
12	11	472	408					
13	12	609	427					
14	13	610	545					
15	14	575	552					

图5-5　计算折扣率

步骤 05 选择E1单元格，输入"参考定价/元"，选择E2单元格，输入利用黄金价格点法计算出来的参考价格"590.05"。

步骤 06 选择F1单元格，输入"促销定价/元"，选择F2单元格，在编辑栏中输入"=E2*D2"，按【Enter】键返回计算结果，如图5-6所示（配套资源:\效果\项目五\商品定价数据.xlsx）。

	A	B	C	D	E	F	G	H	I	J
1	序号	发布价/元	促销价/元	折扣率	参考定价/元	促销定价/元				
2	1	658	494	0.686	590.05	404.67				
3	2	683	492							
4	3	482	281							
5	4	778	337							
6	5	694	581							
7	6	755	459							
8	7	697	456							
9	8	417	326							
10	9	790	587							
11	10	619	499							
12	11	472	408							
13	12	609	427							

图5-6 计算促销定价

步骤 07 如果计算出来的促销定价数据处于该商品的采用成本毛利策略的定价范围内，且能够让公司获得合理的利润，则可以在此基础上利用非整数定价法和尾数定价法将该商品的发布价和促销价确定为"588"和"408"。

> **💡 知识窗**
>
> 非整数定价法下的价格会让客户感到这种定价是商家经过精心计算后的价格，非整数价格比起整数价格更容易获得客户的信任。例如，600元的男装套装与584元的男装套装，前者会让人感觉定价更为随意，可能会导致客户对商品的质量和店铺的信誉产生怀疑。尾数定价法通常会将价格的尾数调整为"8"或"9"等数字，如199元和200元，虽只差1元，但在客户心里，一个是100多元的商品，一个是200元的商品，心理感觉大不一样。在实际应用中往往综合使用这两种定价方法，使商品定价更能得到客户的认可。
>
>

任务二 分析商品能力数据

任务描述

商品能力主要表现为获客能力和盈利能力，小艾需要从这两个方面着手，分析店铺的商品，以便为公司重新调整商品布局提供有价值的信息，从而保留有竞争力的商品，淘汰不被市场接受的商品。老李提示小艾可以使用漏斗模型和多项式趋势线来完成本次的分析任务。

任务实施

👤 活动一   分析商品获客数据

商品获客能力能够反映商品的市场竞争力和引流能力。获客能力强的商品应当加强推广宣传，为店铺带来更多的流量；获客能力弱的商品应该及时下架，以便上新其他商品。小艾按照老李的要求，将重点分析店铺中某款商品的获客数据，看看该商品在获客过程中的转化效果是否正常。

1. 活动准备——漏斗模型

漏斗模型可以按照事物的流程来分析数据。例如，客户需要购买商品时，基本会遵循以下流程：不认识—认识—感兴趣—有意向—成交。根据这个过程可以将商品的销售环节划分为几个大的类别，这个按照流程分类的方法，就称为客户决策漏斗模型。

另外，漏斗模型也常用于分析转化效果。对商品而言，其转化效果如何，需要根据该商品的浏览量、点击量、下单量、支付量等获客数据进行漏斗分析，如图 5-7 所示。例如，利用下单量与支付量之比可以分析下单转化率，利用点击量与支付量之比可以分析点击转化率等，以便及时发现哪个流程可能存在问题。

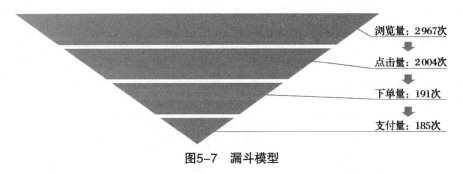

浏览量：2967次
点击量：2004次
下单量：191次
支付量：185次

图5-7   漏斗模型

2. 活动说明

本次活动将重点从客户浏览商品、加入购物车、生成订单、支付订单和完成交易的购物过程来分析商品的获客数据。

- **采集数据**。根据漏斗模型需要的环节，采集商品在浏览、加购、生成订单、支付订单、完成交易时对应的客户数量。
- **处理数据**。在 Excel 中计算不同环节的转化率和总体转化率。
- **分析数据**。分析商品各个环节的转化情况和整体转化情况。
- **可视化数据**。使用条形图来创建漏斗模型，并分析商品的获客能力。

3. 活动实施

下面在 Excel 中分析商品的获客数据。具体操作如下。

步骤 01 打开"商品获客数据.xlsx"素材文件（配套资源:\素材\项目五\商品获客数据.xlsx），在C2单元格和D2单元格中分别输入"0"和"100"。

步骤 02 选择C3:C6单元格区域，在编辑栏中输入"=B3/B2"，按【Ctrl+Enter】组合键计算各环节相对上一环节的转化率，如图5-8所示。

C3	▼	× ✓ fx	=B3/B2				
	A	B	C	D	E	F	G
1	环节	客户数/位	上一环节转化率	总体转化率			
2	浏览商品	2400	0.00%	100.00%			
3	加入购物车	1000	41.67%				
4	生成订单	300	30.00%				
5	支付订单	260	86.67%				
6	完成交易	240	92.31%				
7							

图5-8 计算上一环节转化率

步骤 03 选择D3:D6单元格区域，在编辑栏中输入"=B3/$B$2"，按【Ctrl+Enter】组合键计算各环节的总体转化率，如图5-9所示。由图5-9可知，该商品在支付订单环节和完成交易环节的获客能力较强，但在加入购物车环节和生成订单环节的转化率较低，获客能力较弱。从浏览商品到完成交易的总体转化率只有10%，整体获客能力不太理想。

D3	▼	× ✓ fx	=B3/$B$2				
	A	B	C	D	E	F	G
1	环节	客户数/位	上一环节转化率	总体转化率			
2	浏览商品	2400	0.00%	100.00%			
3	加入购物车	1000	41.67%	41.67%			
4	生成订单	300	30.00%	12.50%			
5	支付订单	260	86.67%	10.83%			
6	完成交易	240	92.31%	10.00%			

图5-9 计算总体转化率

步骤 04 在B列前插入新列，在B1单元格中输入"占位数据"，选择B2:B6单元格区域，在编辑栏中输入"=($C$2-C2)/2"，即占位数据=（最初环节数据-正在进行环节数据）÷2，按【Ctrl+Enter】组合键计算各环节的占位数据，为后面创建漏斗模型提供数据，如图5-10所示。

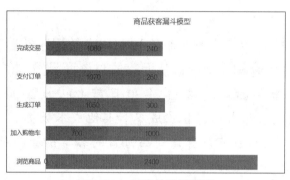

图5-10 计算占位数据

步骤 05 选择A1:C6单元格区域，创建堆积条形图，为图表应用"样式2"图表样式，删除图例，将图表标题修改为"商品获客漏斗模型"。适当调整图表尺寸，将图表字体格式设置为"方正兰亭纤黑简体，10号"，效果如图5-11所示。

图5-11 创建并设置图表

步骤 06 双击纵坐标轴上的文本对象，在打开的"设置坐标轴格式"任务窗格中选中"逆序类别"复选框。

步骤 07 选中占位数据对应的蓝色数据系列，在【图表工具 格式】/【形状样式】组中将其轮廓色和填充色均设置为"无"，删除该数据系列对应的数据标签，效果如图5-12所示（配套资源:\效果\项目五\商品获客数据.xlsx）。

由图5-12可知，该商品确实在加入购物车和生成订单环节的获客能力较弱。

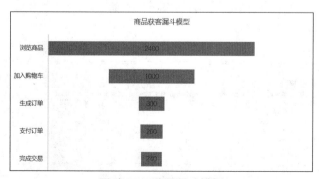

图5-12 设置漏斗模型

👤 活动二　分析商品盈利数据

分析商品的获客数据后，小艾还需要继续分析商品的盈利能力。在老李的提示下，小艾将重点从商品的客单价和毛利率着手，分析并预测商品的盈利情况。

1. 活动准备——多项式趋势线

Excel中的多项式趋势线适用于波动幅度较大的数据集合，可以分析大量数据的偏差。其中，多项式的阶数可根据数据波动的次数或曲线中的拐点（峰和谷）的个数进行设置，二阶多项式趋势线通常仅有一个峰或谷，三阶多项式趋势线通常有两个峰或谷，以此类推。

2. 活动说明

本次活动将计算商品每日的客单价和毛利率数据，然后利用多项式趋势线预测未来10日的客单价和毛利率，从而完成对该商品盈利能力的分析操作。

- **采集数据**。采集指定商品11月20日前（包含20日）每日的销售额、成交客户数、采购成本、推广成本和其他成本数据。
- **处理数据**。在Excel中计算该商品每日的客单价和毛利率。
- **分析数据**。分析商品的盈利能力。
- **可视化数据**。创建散点图，并利用多项式趋势线预测未来10日的客单价和毛利率。

3. 活动实施

下面在Excel中分析商品的盈利数据。具体操作如下。

微课视频

分析商品盈利数据

步骤 01 打开"商品盈利数据.xlsx"素材文件（配套资源:\素材\项目五\商品盈利数据.xlsx），在G1单元格中输入"客单价/元"，选择G2:G21单元格区域，在编辑栏中输入"=B2/C2"，按【Ctrl+Enter】组合键计算商品每日的客单价，如图5-13所示。

G2	▼	:	×	✓	fx	=B2/C2		
▲	A	B	C	D	E	F	G	H	I
1	日期	销售额/元	成交客户数/位	采购成本/元	推广成本/元	其他成本/元	客单价/元		
2	11月1日	15764.00	105	7994.00	688.00	53.00	150.13		
3	11月2日	13282.00	103	8049.00	918.00	82.00	128.95		
4	11月3日	10733.00	148	6226.00	942.00	51.00	72.52		
5	11月4日	14248.00	131	8716.00	702.00	62.00	108.76		
6	11月5日	19793.00	140	10146.00	684.00	89.00	141.38		
7	11月6日	11915.00	139	6681.00	692.00	61.00	85.72		
8	11月7日	18938.00	136	12995.00	768.00	77.00	139.25		
9	11月8日	19868.00	135	11972.00	972.00	57.00	147.17		

图5-13　计算客单价

步骤 02 在H1单元格中输入"毛利率"，选择H2:H21单元格区域，在编辑栏中输入"=(B2-D2-E2-F2)/B2"，按【Ctrl+Enter】组合键计算商品每日的毛利率，如图5-14所示。

由图5-14可知，该商品客单价最低为72.52元，最高为181.35元，毛利率在20%~50%。整体来看，客单价绝大多数都超过120元，毛利率则集中在30%~45%，盈利能力较强。

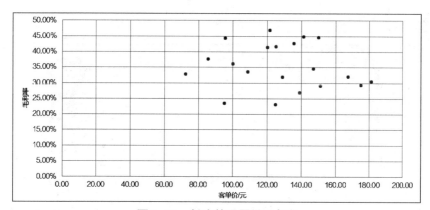

图5-14　计算毛利率

步骤 03 以G1:H21单元格区域为数据源创建散点图，删除图表标题，然后适当调整图表尺寸。

步骤 04 添加横坐标轴和纵坐标轴标题，内容分别为"客单价/元"和"毛利率"，然后将整个图表的字体格式设置为"方正兰亭纤黑简体，10号"，如图5-15所示。

图5-15　创建并设置散吧点图

步骤 05 在数据系列上单击鼠标右键，在弹出的快捷菜单中选择"添加趋势线"命令，打开"设置趋势线格式"任务窗格，选中"多项式"单选项，默认阶数为"2"，并选中下方的"显示公式"复选框，效果如图5-16所示。

由图5-16可知，在客单价与毛利率关系较为复杂的情况下，多项式趋势线能够将其关系简单地显示出来，即在相对较低或较高的客单价下，毛利率较低，当客单价在120元左右时，毛利率可以达到最高。

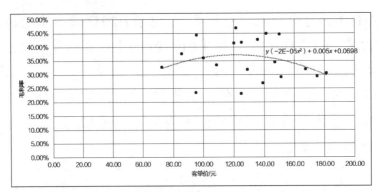

图5-16　添加趋势线

**知识窗**

多项式趋势线公式中的"E-05"表示10^{-5}，即0.000 01，"-2E-05"为$-0.000\,02$。其中，E是科学记数法的标记，用于表示10的几次方。例如，"2E-2"等于0.02，"2E+2"等于200。

知识窗

步骤 06 在G22:G31单元格区域输入目标客单价，选择H22:H31单元格区域，在编辑栏中输入"=-0.00002*G22*G22+0.005*G22+0.0698"，按【Ctrl+Enter】组合键可得到预测的毛利率，如图5-17所示（配套资源:\效果\项目五\商品盈利数据.xlsx）。

	H22		×	✓	f_x	=-0.00002*G22*G22+0.005*G22+0.0698	
▲	A	B	C	D	E	F	G	H
22	11月21日						124.00	38.23%
23	11月22日						115.00	38.03%
24	11月23日						125.00	38.23%
25	11月24日						121.00	38.20%
26	11月25日						122.00	38.21%
27	11月26日						123.00	38.22%
28	11月27日						117.00	38.10%
29	11月28日						123.00	38.22%
30	11月29日						120.00	38.18%
31	11月30日						120.00	38.18%

图5-17　预测毛利率

同步实训

实训一　分析男装类目

实训描述

小宇想要扩大男装的经营类目，因此需要对男装的商品类目交易情况有所了解。同学们可以利用生意参谋等工具采集男装各类目近一年的交易数据，然后在 Power BI 中通过数据可视化的方式分析男装各类目的交易情况，给小宇出谋划策。

✖ 操作指南

同学们可以打开 Power BI，加载 Excel 数据，然后利用饼图分析男装各类目的交易情况。具体操作如下。

微课视频

步骤 01 启动 Power BI，导入"男装类目.xlsx"素材文件中的数据（配套资源:\素材\项目五\同步实训\男装类目.xlsx）。

步骤 02 创建饼图，将"类目"字段拖曳至"图例"列表框，将"交易额/元"字段拖曳至"值"列表框。

分析男装类目

步骤 03 将图表标题设置为"男装各商品类目交易占比"，将字号设置为"16"，加粗并居中对齐。

步骤 04 隐藏图例，展开"详细信息标签"栏，在"标签内容"下拉列表中选择"类别、总百分比"选项，将字号设置为"14"，效果如图5-18所示（配套资源:\效果\项目五\同步实训\男装类目.xlsx）。

由图 5-18 可知，男装的类目较多，交易占比最多的类目与交易占比最低的类目的占比相差超 9 个百分点，其中 T 恤、休闲裤和风衣类目占比较高，均超过 8%。

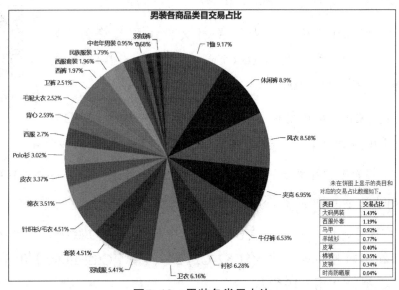

图5-18 男装各类目占比

💬 实训评价

同学们完成实训操作后，提交 Power BI 效果文件。老师根据文件中的内容按表 5-1 所示内容进行打分。

表 5-1　实训评价

序号	评分内容	总分	老师打分	老师点评
1	能否正确建立并设置饼图	30		
2	能否正确分析男装类目的市场占比	70		

合计：＿＿＿＿＿＿＿＿

👤 实训二　分析商品获客能力

📋 实训描述

小宇店铺中有一款商品的收藏量非常高，为了解该商品的获客能力，同学们需要使用漏斗模型分析该商品获客环节的转化率，让小宇能够清楚地知道该商品的获客数据。

✂ 操作指南

同学们需要利用现有的客户数据，计算转化率，然后使用堆积条形图完成漏斗模型的创建和分析。具体操作如下。

微课视频

分析商品获客能力

步骤 01 打开"商品获客.xlsx"素材文件（配套资源:\素材\项目五\同步实训\商品获客.xlsx），在C2单元格和D2单元格中分别输入"0"和"100"。

步骤 02 选择C3:C6单元格区域，在编辑栏中输入"=B3/B2"，按【Ctrl+Enter】组合键计算各环节相对上一环节的转化率。

步骤 03 选择D3:D6单元格区域，在编辑栏中输入"=B3/$B$2"，按【Ctrl+Enter】组合键计算各环节的总体转化率。

步骤 04 在B列前插入新列，在B1单元格中输入"占位数据"，选择B2:B6单元格区域，在编辑栏中输入"=($C$2-C2)/2"，按【Ctrl+Enter】组合键计算各环节的占位数据，如图5-19所示。

图5-19　计算占位数据

步骤 05 选择A1:C6单元格区域，创建堆积条形图，将图表字体格式设置为"方正兰亭纤黑简体，10号"，适当调整图表尺寸。

步骤 06 将图表标题修改为"商品获客能力漏斗模型"，删除占位数据系列对应的图例。

步骤 07 双击纵坐标轴上的文本对象，在打开的"设置坐标轴格式"任务窗格中选中"逆序类别"复选框。

步骤 08 选中占位数据对应的蓝色数据系列，在【图表工具 格式】/【形状样式】组中将轮廓色和填充色均设置为"无"。

步骤 09 在图表上添加数据标签，然后选择占位数据对应的数据标签，按【Delete】键删除，设置后的效果如图5-20所示（配套资源:\效果\项目五\同步实训\商品获客.xlsx）。

　　由图 5-20 可知，该商品的获客能力较强，无论是浏览商品的客户数量，还是收藏商品的客户数量都较多，从收藏商品环节到生成订单环节的转化率也非常不错。但通过漏斗模型可以发现，该商品在支付订单环节的转化率急速下降：首先应当考虑该商品支付订单页面的设计是否出现问题，导致订单无法支付或不易完成支付；其次应当考虑是否受到竞争对手的恶意打压，若是，查明情况后可以向平台举报。

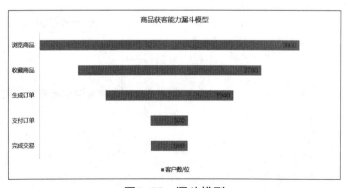

图5-20　漏斗模型

💬 实训评价

同学们完成实训操作后，提交 Excel 效果文件，并在效果文件中插入文本框，输入分析结果。老师根据文件中的内容按表 5-2 所示内容进行打分。

表 5-2　实训评价

序号	评分内容	总分	老师打分	老师点评
1	能否正确计算各个环节的转化率	10		
2	能否正确计算各个环节的总体转化率	10		
3	能否正确计算占位数据	10		
4	能否正确创建漏斗模型	30		
5	能否正确分析商品的获客情况	40		

合计：_____

项目总结

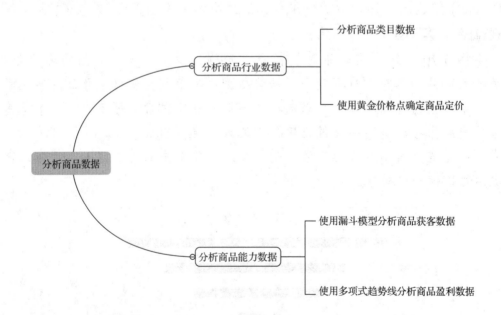

项目六

分析运营数据

职场情境

　　分析店铺运营数据能够使公司对店铺各个环节的运营情况了如指掌，以便及时调整和优化运营策略，提升店铺的竞争力。推广数据、销售数据、供应链数据均是公司需要重视的基本运营数据，应当对这些数据加以监控、管理、分析，以便通过分析结果提高运营效率。

　　小艾听说公司近期计划开展营销推广活动，为让活动取得较好的成效，公司要求数据分析部门就店铺当前的运营数据进行分析，涉及推广、销售、采购、库存、物流等环节，为制订活动方案提供依据。

学习目标

知识目标

1．掌握环比分析法、平均分析法的应用。

2．熟悉分组分析法、相关分析法的使用方法。

3．了解移动平均预测法、季节波动法的应用。

技能目标

1．能够分析店铺的引流效果、推广活动效果，以及预测优惠券需求量。

2．能够分析店铺销量并预测销售额。

3．能够分析采购价格、库存量和物流时效等供应链数据。

素养目标

1．进一步提升数据分析能力。

2．培养一丝不苟、兢兢业业的工作作风。

任务一　分析推广数据

任务描述

公司近期将开展推广活动，为使推广活动行之有效，小艾首先需要分析店铺以往的引流效果，然后寻找适合店铺的推广活动，最后还需要预测推广活动中需要准备发放的优惠券数量。

任务实施

活动一　分析引流效果

分析引流效果有助于了解店铺开展推广活动期间的引流成效，避免店铺投入过多或过少的推广费用。小艾将通过点击数和成交量来分析引流效果，以此来大致了解店铺开展推广活动的效果。

1. 活动准备——环比分析法

环比分析法是对同类指标本期与上期数据进行比较，通过计算结果分析增减变化的一种方法，它可以比较同一指标在一年中的变化情况。环比分析法有助于了解某指标近期的变化数据，从而了解指标在短期内的状态。例如，通过同比分析法发现某类目本季度比上年同一季度的销售额高，但实际上本季度3个月中，该类目的销售额在逐渐降低，使用环比分析法便能看到这种变化，让准备进入该类目市场的公司有所警觉。

使用环比分析法常根据环比增长率来判断数据变化情况，该指标的计算公式如下。

$$环比增长率 =（本期数 - 上期数）/ 上期数 \times 100\%$$

2. 活动说明

本次活动需要分别对比店铺近一年各月开展活动期间的点击数和成交量，分析并查看这两个指标在一年当中的变化情况。

- **采集数据**。将店铺近一年开展活动期间每月的点击数和成交量采集到Excel中。
- **处理数据**。创建数据透视表，计算两个指标的环比增长率。
- **可视化数据**。创建两个柱形图分别展现点击数和成交量的变化情况。

3. 活动实施

下面在Excel中分析店铺推广活动期间各月点击数和成交量的数据。具体操作如下。

步骤 01 打开"引流数据.xlsx"素材文件（配套资源:\素材\项目六\引流数据.xlsx），以表格数据为数据源在新工作表中创建数据透视表。将"月份"字段添加到"行"列表框，将"点击数/次"字段添加到"值"列表框。

步骤 02 在B7单元格上单击鼠标右键，在弹出的快捷菜单中选择【值显示方式】/【差异百分比】命令，打开"值显示方式"对话框，在"基本字段"下拉列表中选择"月"选项，在"基本项"下拉列表中选择"（上一个）"选项，单击 确定 按钮，得到2023年各月的点击数环比数据，如图6-1所示。

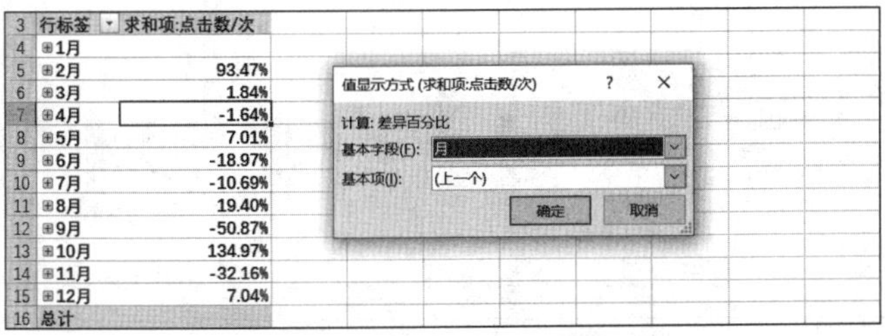

图6-1　计算点击数环比数据

步骤 03 在数据透视表的基础上创建数据透视图，类型为柱形图，删除图表标题和图例，调整图表尺寸。

步骤 04 添加横坐标轴标题和纵坐标轴标题，将内容分别修改为"月份"和"环比增长率"。

步骤 05 添加数据标签，并适当调整某些与横坐标轴重叠的标签位置，将图表字体格式设置为"方正兰亭纤黑简体，10号"，设置后的效果如图6-2所示。由图6-2可知，点击数的环比增长率波动较大，有的月份高达134.97%，有的月份低至−50.87%，这说明活动期间引流效果并不稳定，活动并未在客户当中有效形成热点流量效应，店铺需要重新调整活动策略。

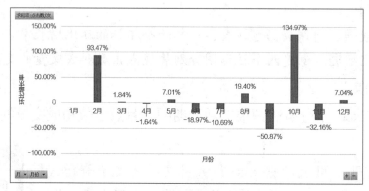

图6-2　创建并设置柱形图

步骤 06 按相同方法重新建立成交量的环比数据透视表和数据透视图，效果如图6-3所示（配套资源:\效果\项目六\引流数据.xlsx）。由图6-3可知，成交量的环比增长率同样有较大波动，且5月至6月和8月至10月出现连续下降的情况，更进一步说明活动期间的引流效果不太理想，需要重新制订活动方案。

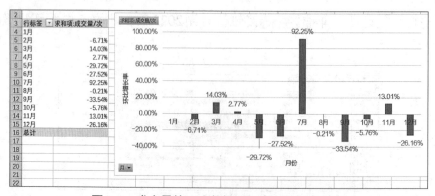

图6-3　成交量的环比数据透视表和数据透视图

🌱**动手做**

同时分析点击数和成交量的环比数据

上述活动中分别在两个工作表中创建点击数和成交量的环比数据透视表和数据透视图，请尝试在一个数据透视表和数据透视图中同时体现这两个指标，再通过对比分析看能否发现其他关于环比变化的有价值的信息。

👤 活动二　分析推广活动效果

为找到推广效果更好的活动，小艾需要分析多个推广活动的流量、转化、拉新等效果。其中，流量即活动为店铺带来的流量数据，转化即活动为店铺带来的收藏转化率、加购转化率、支付转化率等转化数据，拉新即活动为店铺带来的新客户数据。

1. 活动说明

本次活动需要采集多个数据指标，并通过计算得出新的指标，用以判断各个推广活动的效果。

- **采集数据**。采集各个活动期间的访客数、新访客数、收藏数、新收藏数、加购数、新加购数、成交订单数等数据。
- **处理数据**。计算新访客占比、收藏转化率、新收藏占比、加购转化率、新加购占比、支付转化率等指标。
- **可视化数据**。创建组合图和折线图，综合分析各推广活动的流量、转化和拉新等效果。

2. 活动实施

下面在 Power BI 中分析这些活动的推广效果。具体操作如下。

步骤 01 启动 Power BI，导入"推广活动.xlsx"素材文件中的数据（配套资源:\素材\项目六\推广活动.xlsx），打开"导航器"对话框，选中"Sheet1"复选框，单击 转换数据 按钮。

微课视频

分析推广活动效果

步骤 02 进入 Power Query 编辑器的操作界面，在【添加列】/【常规】组中单击"自定义列"按钮 ，打开"自定义列"对话框，在"新列名"文本框中输入"新访客占比"，在"自定义列公式"栏中将计算公式设置为"= [#"新访客数/位"]/[#"访客数/位"]"，单击 确定 按钮，如图6-4所示。

图6-4　新建列

步骤 03 在【主页】/【转换】组中单击 数据类型:任意 下拉按钮，在弹出的下拉列表中选择"百分比"选项，如图6-5所示。

图6-5　设置数据类型

步骤 04 按相同方法新建"收藏转化率"（收藏数/访客数×100%）、"新收藏占比"（新收藏数/收藏数×100%）、"加购转化率"（加购数/访客数×100%）、"新加购占比"（新加购数/加购数×100%）和"支付转化率"（成交订单数/访客数×100%）列，并将数据类型设置为"百分比"，如图6-6所示。

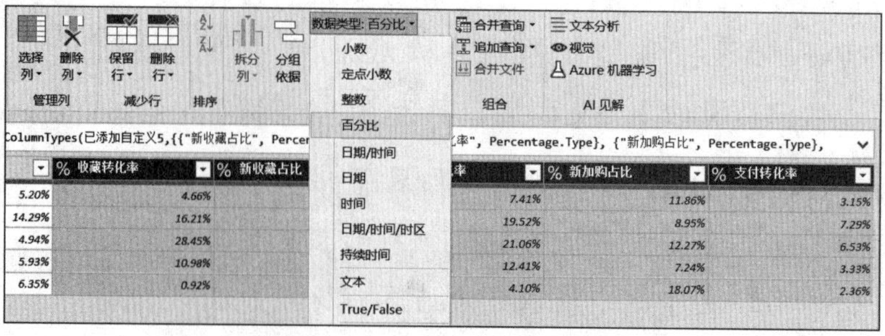

图6-6　新建列并设置数据类型

步骤 05 在"关闭"组中单击"关闭并应用"按钮，在报表视图模式单击左侧的"数据视图"按钮进入数据视图模式，将所有新建列的数据格式均设置为"百分比"，如图6-7所示。

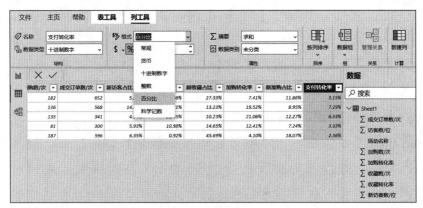

图6-7 数据视图模式

步骤 06 单击左侧的"报表视图"按钮返回报表视图模式，在"可视化"任务窗格中单击"折线和簇状柱形图"按钮，将"活动名称"字段拖曳至"X轴"列表框，将"访客数/位"字段拖曳至"列Y轴"列表框，将"收藏转化率""加购转化率""支付转化率"字段拖曳至"行Y轴"列表框。

步骤 07 单击图表右上角的"更多选项"按钮，在弹出的下拉列表中选择【排列 轴】/【活动名称】选项，再次单击该按钮，在弹出的下拉列表中选择【排列 轴】/【以升序排列】选项，然后调整图表尺寸，如图6-8所示。

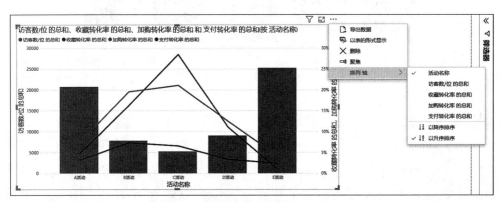

图6-8 调整图表排列顺序和尺寸

步骤 08 隐藏图表标题，将Y轴标题修改为"访客数/位"，值的单位设置为

"无"；将辅助Y轴标题修改为"比率"；将X轴、Y轴和辅助Y轴的字体大小均设置为"14"。

步骤 09 将图例位置设置为"靠上居中"，字号设置为"14"，加粗显示。在"视觉对象"选项卡中展开【行】/【颜色】选项，重新调整各转化率对应的折线颜色，使其更容易区别，如图6-9所示。由图6-9可知，C活动的收藏转化率和加购转化率都是最高的，支付转化率位于第2位，说明该活动的推广效果非常不错，但碍于访客数过少，因此无法取得较好的成绩，该活动极具潜力，应想办法增加流量和提高曝光率，增强拉新效果；E活动的访客数虽然最高，但收藏转化率、加购转化率和支付转化率都是最低的，推广效果最差，可以调整推广策略，想办法提高转化率；B活动、D活动也有较大的潜力，应考虑如何增强这些活动的拉新效果；A活动效果一般，但由于访客数较多，因此可以侧重考虑如何提升各项转化率。

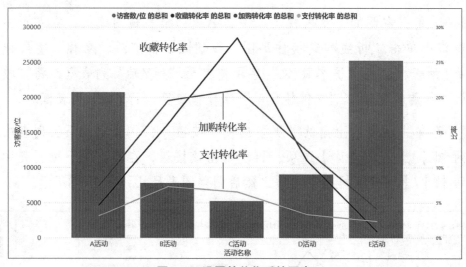

图6-9　设置并美化后的图表

步骤 10 单击Power BI操作界面下方的"新建页"按钮 **+** 新建报表页面，创建折线图，将"活动名称"添加至"X轴"列表框，将"新访客占比""新收藏占比""新加购占比"字段添加至"Y轴"列表框，按相似的方法对图表进行美化设置，效果如图6-10所示（配套资源:\效果\项目六\推广活动.pbix）。由图6-10可知，B活动的新访客占比较高，结合前面的推广效果分析结果，可知该活动在后期可能会吸引更多的流量，由于其收藏转化率、加购转化率和支付转化率等指标表现都不错，因此该活动有较大的潜力；A活动、E活动的新收藏占比和新加购占比较高，说明这两种活动能吸引更多的流量，应侧重改善这两种活动的各种转换指标；C活动、D活动的拉新效果不太理想，但考虑到这两个活动的转化指标表现不差，因此可以想办法提高活动的曝光率，增强引流效果。

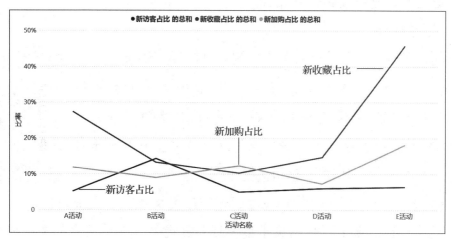

图6-10　建立并设置折线图

活动三　预测优惠券需求量

为避免活动期间店铺优惠券的数量过少或过多，小艾需要利用历史数据对优惠券的需求量进行预测。

1. 活动准备——移动平均预测法

移动平均预测法是用一组最近的实际数据值来预测未来一期或几期数值的一种常用方法。当一组数据由于受周期变动和随机波动等影响变得起伏较大且不易显示出某种趋势时，使用移动平均预测法就可以消除这些因素的影响，显示出数据的发展方向与趋势，以实现对数据长期趋势的预测。移动平均预测法的计算公式如下。

$$y_t = (x_{t-1} + x_{t-2} + x_{t-3} + \cdots + x_{t-n})/n$$

其中，y_t 表示下一期的预测值，n 表示移动平均的时期数；x_{t-1} 表示前期实际值，x_{t-2} 表示前两期实际值，x_{t-3} 表示前三期实际值，x_{t-n} 表示前 n 期实际值。

在 Excel 中可以直接使用移动平均分析工具快速实现数据预测。

2. 活动说明

本次活动将直接在 Excel 中利用移动平均分析工具预测店铺优惠券的需求量。

- **采集数据**。采集本年度前11个月的优惠券实际需求量。
- **处理数据**。本活动不涉及数据处理操作。
- **分析数据**。使用移动平均分析工具预测数据。
- **可视化数据**。使用移动平均分析工具创建实际需求量和预测值的折线图，通过对比分析预测值可靠性。

3. 活动实施

下面在 Excel 中完成对数据的预测。具体操作如下。

微课视频

预测优惠券需求量

步骤 01 打开"优惠券需求量.xlsx"素材文件（配套资源:\素材\项目六\优惠券需求量.xlsx），单击 数据分析 按钮。

步骤 02 打开"数据分析"对话框，在"分析工具"列表框中选择"移动平均"选项，单击 确定 按钮。

步骤 03 打开"移动平均"对话框，在"输入区域"文本框中引用B1:B13单元格区域的地址，选中"标志位于第一行"复选框，在"间隔"文本框中输入"3"，在"输出区域"文本框中引用D1单元格的地址，选中"图表输出"复选框和"标准误差"复选框，单击 确定 按钮，如图6-11所示。

月份	实际需求量/张
1月	245.0
2月	258.0
3月	252.6
4月	264.1
5月	282.0
6月	278.7
7月	288.1
8月	292.3
9月	300.9
10月	302.0
11月	310.5
12月	

移动平均

输入
输入区域(I): $B$1:$B$13
☑ 标志位于第一行(L)
间隔(N): 3

输出选项
输出区域(O): $D$1
新工作表组(P):
新工作簿(W)
☑ 图表输出(C)   ☑ 标准误差(S)

确定   取消   帮助(H)

图6-11 设置移动平均参数

💡 **知识窗**

"移动平均"对话框中的"标志位于第一行"复选框用于判定输入区域中是否包含表头数据，"间隔"文本框用于设置移动平均预测时每个预测值涉及的实际值数量。例如，这里设置为"3"，则表示3项移动平均，即利用3个实际值的平均结果得到预测值。

知识窗

步骤 04 Excel将根据设置的内容得到预测值、标准误差等结果，并以折线图的方式显示出实际值与预测值的差距，如图6-12所示（配套资源:\效果\项目六\优惠券需求量.xlsx）。

由图6-12可知，店铺12月优惠券需求量的预测值为306.3，考虑到标准误差的值较小，两条折线的拟合度较高，因此该预测值的准确度较高。

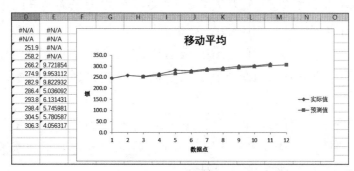

图6-12　预测的结果和图表

任务二　分析销售数据

任务描述

通过分析销售数据，公司可以了解销售业绩和效率，并据此优化销售策略。本次任务中，小艾主要对店铺的销量和销售额进行分析，重点分析访客数与销量的关系，并按照销售目标合理分配来年店铺各季度的销售额。

任务实施

👤 活动一　分析店铺销量

店铺销量直接影响销售额，公司要求数据分析部门分析销量主要受哪些指标的影响。小艾按照老李的要求，将重点分析访客数与销量的关系。

1. 活动准备——相关分析法

相关分析法研究的是变量之间是否存在相关关系。所谓相关关系，是指变量之间存在一种不确定的数量关系，即一个变量发生变化时，另一个变量也会发生变化，但变化的具体数量是不确定的。例如，父母身高与子女身高的关系、商品销售量与居民收入的关系等，分析它们的关系时，由于其他因素的存在，二者之间的量化关系就不是完全确定的。

按相关关系表现的形式不同，相关关系可以分为线性相关和非线性相关。线性相关也称直线相关，指具有相关关系的变量之间的变动近似地表现为一条直线；非线性相关也称曲线相关，指具有相关关系的变量之间的变动近似地表现为一条曲线。

如果变量之间存在线性相关关系，则又可按照相关方向的不同，将线性相关分为正相关和负相关。正相关是指线性相关中两个变量的变动方向相同，即一个变量的数值增加，另一个变量的数值也随之增加；负相关是指线性相关中两个变量的变动方向相反，即一个变量的数值增加，另一个变量的数值会随之减少。

相关系数是度量变量之间关系程度和变动方向的统计量，是应用相关分析法的关键。根据长期积累下来的经验，当相关系数处在不同的范围时，变量之间的相关关系的强弱程度不同，具体如下。

- 相关系数为 1 时，变量之间完全线性相关。
- 相关系数的绝对值在 0.8（含）与 1 之间时，变量之间高度线性相关（相关系数为负数则为负相关，正数则为正相关，以下类似）。
- 相关系数的绝对值在 0.5（含）与 0.8 之间时，变量之间中度线性相关。
- 相关系数的绝对值在 0.3（含）与 0.5 之间时，变量之间低度线性相关。
- 相关系数的绝对值小于 0.3 时，变量之间弱线性相关，可视为不相关。

2. 活动说明

本次活动将主要针对访客数和销量这两个指标，利用 Excel 的相关系数分析工具分析二者之间的关系。

- **采集数据**。采集 11 月每日的访客数和销量数据。
- **处理数据**。本活动不涉及数据处理操作。
- **分析数据**。使用相关系数分析工具分析数据。
- **可视化数据**。使用组合图显示访客数和销量两个指标的相关性。

3. 活动实施

下面在 Excel 中完成对销量数据的分析。具体操作如下。

步骤 **01** 打开"店铺销量.xlsx"素材文件（配套资源:\素材\项目六\店铺销量.xlsx），单击 数据分析 按钮。

步骤 **02** 打开"数据分析"对话框，在"分析工具"列表框

微课视频

分析店铺销量

中选择"相关系数"选项，单击 确定 按钮。

步骤 03 打开"相关系数"对话框，在"输入区域"文本框中引用B1:C31单元格区域的地址，选中"输出区域"单选项，在右侧的文本框中引用E1单元格的地址，单击 确定 按钮，如图6-13所示。

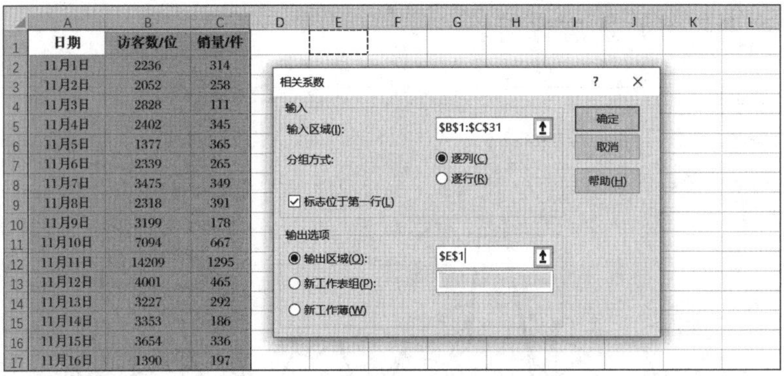

图6-13　设置相关系数参数

步骤 04 Excel将自动完成相关系数的计算，如图6-14所示。由图6-14可知，访客数与销量的相关系数为"0.864993"，二者属于高度线性正相关的关系，即访客数越多，销量越高，访客数越少，销量越低。

图6-14　计算相关系数

步骤 05 以A1:C31单元格区域为数据源创建组合图，将访客数对应的数据系列类型设置为"折线图"，将销量对应的数据系列类型设置为"折线图"，并设置为次坐标轴。

步骤 06 删除图表标题和图例对象，添加横坐标轴、主要纵坐标轴和次纵坐标轴标题，将内容分别修改为"日期""访客数/位""销量/件"。

步骤 07 将图表字体格式设置为"方正兰亭纤黑简体，10号"，适当调整图表尺寸，设置后的效果如图6-15所示（配套资源:\效果\项目六\店铺销量.xlsx）。

由图 6-15 可知，访客数和销量对应的折线高度重合，再次证实二者属于高度线性正相关的关系。因此，要想提高销量，就应当增加访客数，加大推广力度，吸引更多的客户进店访问。

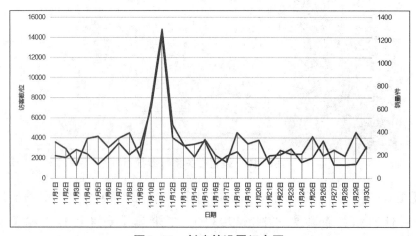

图6-15　创建并设置组合图

活动二　分配季度销售额

老李将公司以前每年各季度的销售额数据交给了小艾，并告诉她公司来年初步计划的目标销售额，希望小艾在分析历年各季度的销售额数据后，将目标销售额合理分配给来年的每个季度。

1. 活动准备——季节波动法

季节波动法又称季节周期法、季节指数法等，是分析季节波动的时间序列的方法。季节波动是指某些社会经济现象由于受自然因素、消费习惯、风俗习惯等因素的影响，在一年内有规律性地变动。季节波动法主要根据历史数据计算季节比率，也叫季节系数，然后将目标数据乘以各季节比率，得到季节的相关数据。

2. 活动说明

本次活动将利用历年各季度的销售额数据，计算季节比率，然后将公司的目标销售额合理分配到来年各季度。

- **采集数据**。采集近6年各季度的销售额数据。

- **处理数据**。计算历年各季度销售额的平均值,以及历年所有季度的平均值;然后计算季节比率;再根据目标销售额和季节比率得到各季度的销售额。

- **可视化数据**。使用饼图将各季度目标销售额占比可视化展现。

3. 活动实施

下面在 Excel 中完成对来年各季度目标销售额的分配工作。具体操作如下。

微课视频

分配季度销售额

步骤 01 打开"季度销售额.xlsx"素材文件(配套资源:\素材\项目六\季度销售额.xlsx),选择B8:E8单元格区域,在编辑栏中输入"=AVERAGE(B2:B7)",按【Ctrl+Enter】组合键返回计算结果,如图6-16所示。

	A	B	C	D	E	F	G
1	年份	第一季度/万元	第二季度/万元	第三季度/万元	第四季度/万元		
2	2018	607.00	209.00	604.00	158.00		
3	2019	669.00	343.00	827.00	217.00		
4	2020	489.00	182.00	565.00	243.00		
5	2021	444.00	124.00	577.00	214.00		
6	2022	592.00	389.00	684.00	138.00		
7	2023	502.00	390.00	802.00	145.00		
8	同季度平均值	550.50	272.83	676.50	185.83		
9	所有季度平均值						
10	季节比率						
11	2024年目标值						
12							
13							
14							

图6-16 计算同季度平均值

步骤 02 选择B9单元格,在编辑栏中输入"=AVERAGE(B2:E7)",按【Enter】键返回计算结果,如图6-17所示。

	A	B	C	D	E	F	G
1	年份	第一季度/万元	第二季度/万元	第三季度/万元	第四季度/万元		
2	2018	607.00	209.00	604.00	158.00		
3	2019	669.00	343.00	827.00	217.00		
4	2020	489.00	182.00	565.00	243.00		
5	2021	444.00	124.00	577.00	214.00		
6	2022	592.00	389.00	684.00	138.00		
7	2023	502.00	390.00	802.00	145.00		
8	同季度平均值	550.50	272.83	676.50	185.83		
9	所有季度平均值	421.42					
10	季节比率						
11	2024年目标值						
12							
13							

图6-17 计算所有季度平均值

步骤 03 选择B10:E10单元格区域，在编辑栏中输入"=B8/$B$9"，按【Ctrl+Enter】组合键返回计算结果，如图6-18所示。

B10	▼	✕ ✓ fx	=B8/$B$9			
▲	A	B	C	D	E	F	G
1	年份	第一季度/万元	第二季度/万元	第三季度/万元	第四季度/万元		
2	2018	607.00	209.00	604.00	158.00		
3	2019	669.00	343.00	827.00	217.00		
4	2020	489.00	182.00	565.00	243.00		
5	2021	444.00	124.00	577.00	214.00		
6	2022	592.00	389.00	684.00	138.00		
7	2023	502.00	390.00	802.00	145.00		
8	同季度平均值	550.50	272.83	676.50	185.83		
9	所有季度平均值	421.42					
10	季节比率	1.306	0.647	1.605	0.441		
11	2024年目标值						

图6-18　计算季节比率

步骤 04 选择B11:E11单元格区域，在编辑栏中输入"=SUM($B$7:$E$7)*1.2/4*B10"，按【Ctrl+Enter】组合键返回计算结果，如图6-19所示。其中，"1.2"表示来年目标销售额为2023年全年销售额的1.2倍。

B11	▼	✕ ✓ fx	=SUM($B$7:$E$7)*1.2/4*B10			
▲	A	B	C	D	E	F	G
1	年份	第一季度/万元	第二季度/万元	第三季度/万元	第四季度/万元		
2	2018	607.00	209.00	604.00	158.00		
3	2019	669.00	343.00	827.00	217.00		
4	2020	489.00	182.00	565.00	243.00		
5	2021	444.00	124.00	577.00	214.00		
6	2022	592.00	389.00	684.00	138.00		
7	2023	502.00	390.00	802.00	145.00		
8	同季度平均值	550.50	272.83	676.50	185.83		
9	所有季度平均值	421.42					
10	季节比率	1.306	0.647	1.605	0.441		
11	2024年目标值	720.69	357.18	885.64	243.28		

图6-19　计算2024年目标值

步骤 05 选择A1:E1单元格区域，按住【Ctrl】键的同时加选A11:E11单元格区域，以此为数据源创建饼图。

步骤 06 为图表应用"样式4"图表样式，添加图表标题，内容修改为"2024年各季度目标销售额"。

步骤 07 调整图表尺寸，将图表字体格式设置为"方正兰亭纤黑简体，10号"。

步骤 08 双击数据标签，在"设置数据标签格式"任务窗格中选中"百分比"复选框,然后逐一调整数据标签位置,效果如图6-20所示(配套资源:\效果\项目六\季度销售额.xlsx)。

由图6-20可知,2024年第三季度的目标销售额最高,第一季度次之,二者占比分别为40%和33%,店铺应注意做好相关销售工作。

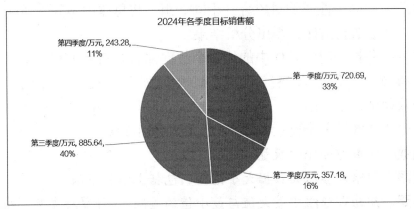

图6-20 目标销售额占比

素养小课堂

数据分析人员在大多数时间都会跟数据打交道,也深知数据的重要性。但同时还应当明白数据并不是万能的,其结果会受到很多非数据因素的影响。过分依赖数据,忽视其他因素对结果造成的影响,是数据分析人员应当避免的。

任务三 分析供应链数据

任务描述

供应链环节能够为店铺销售业务提供保障,无论是采购、库存还是物流,都是非常重要的运营环节。小艾本次的主要任务是分析采购价格、库存量和物流时效,找出这些环节是否存在问题。

任务实施

活动一 分析采购价格

小艾首先将对采购价格进行分组,虽然她已经学会使用直方图、数据透视表等方法完成类似分组的操作,但老李现在要求她使用分组分析法,结合

Excel 中的 VLOOKUP 函数对商品的采购价格进行分组。

1. 活动准备——分组分析法

分组分析法是根据分析对象的特征，按照一定的指标将对象划分为不同类别进行分析的方法。这种分析方法能够揭示分析对象内在的联系和规律，具体操作是将总体中同一性质的对象合并于同一组，将总体中不同性质的对象放置在不同组，之后进行对比，得出分析结果。

使用分组分析法时，总体中的每一个数据都需要归属于某一组，所有组中应包含所有数据，不能有遗漏；同时，每一个数据只能属于一个组，不能同时属于两个或两个以上的组。

分组分析法涉及 3 个要素，即组数、组限和组距。

- **组数**。组数即分组的数量。
- **组限**。组限即各组的数据大小范围，包括上限和下限。
- **组距**。组距即分组中最大值与最小值的差距，其计算公式为"组距 =（最大值 – 最小值）/ 组数"。

2. 活动说明

本次活动将对所采购的商品价格进行分组，看看所采购商品的价格分布情况。

- **采集数据**。将所采购商品的编号和对应的采购价格采集到 Excel 中。
- **处理数据**。根据分组的组数和最大值与最小值确定组距，然后建立分组表，接着使用 VLOOKUP 函数实现分组。
- **分析数据**。分析采购价格的分布情况。
- **可视化数据**。使用柱形图将采购价格的分布情况可视化展现。

3. 活动实施

下面在 Excel 中完成对采购商品的价格分组。具体操作如下。

微课视频

分析采购价格

步骤 01 打开"采购价格.xlsx"素材文件（配套资源:\素材\项目六\采购价格.xlsx），选择E2单元格，在编辑栏中输入"=MAX(B2:B31)"，按【Enter】键返回采购价格中的最大值。

步骤 02 选择E4单元格，在编辑栏中输入"=MIN(B2:B31)"，按【Enter】键返回采购价格中的最小值，如图6-21所示。

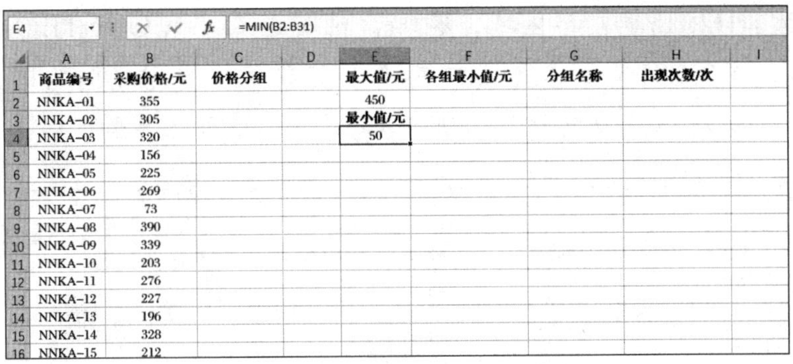

图6-21 统计最大值和最小值

步骤 03 这里需要将采购价格分为4组，利用"组距=（最大值—最小值）/组数"的计算公式，得出组距为"100"。因此在G2:G5单元格区域中依次输入组距，并在F2:F5单元格区域中输入对应的各组最小值，如图6-22所示。

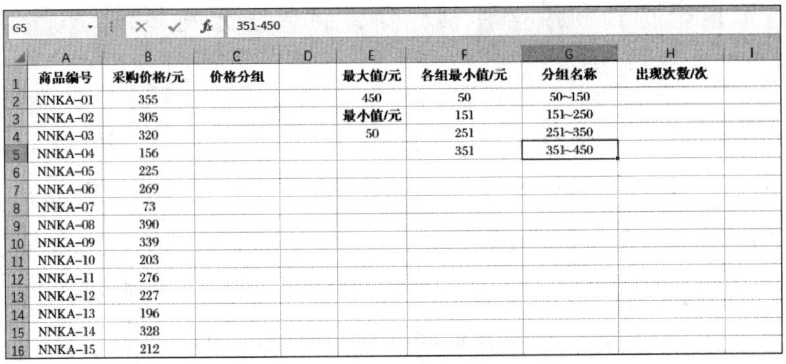

图6-22 设置分组名称与各组最小值

步骤 04 选择C2:C31单元格区域，在编辑栏中输入"=VLOOKUP(B2, $F$2:$G$5,2,1)"，表示在F2:G5单元格区域中查找B2单元格中数据对应的分组，并返回分组名称，按【Ctrl+Enter】组合键返回结果，如图6-23所示。

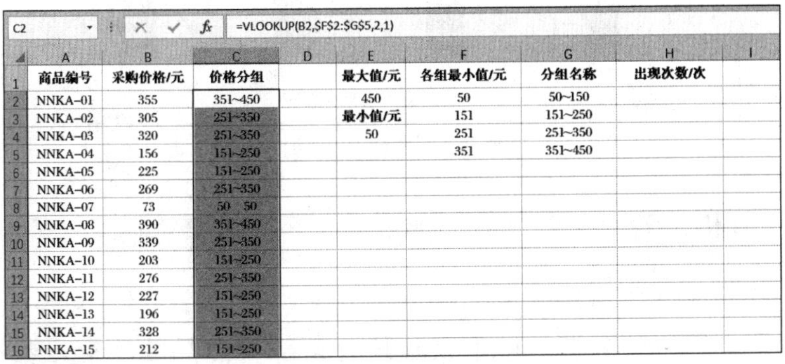

图6-23 归类分组

步骤 05 选择H2:H5单元格区域，在编辑栏中输入"=COUNTIF($C$2:$C$31, G2)"，表示在C2:C31单元格区域中统计与G2单元格数据相同的单元格数量，按【Ctrl+Enter】组合键返回结果，如图6-24所示。

	A	B	C	D	E	F	G	H	I
1	商品编号	采购价格/元	价格分组		最大值/元	各组最小值/元	分组名称	出现次数/次	
2	NNKA-01	355	351~450		450	50	50~150	4	
3	NNKA-02	305	251~350		最小值/元	151	151~250	9	
4	NNKA-03	320	251~350		50	251	251~350	13	
5	NNKA-04	156	151~250			351	351~450	4	
6	NNKA-05	225	151~250						
7	NNKA-06	269	251~350						
8	NNKA-07	73	50~150						
9	NNKA-08	390	351~450						

图6-24　统计单元格数量

步骤 06 以G1:H5单元格区域为数据源创建柱形图，为图表应用"样式7"图表样式，删除图例。

步骤 07 添加横坐标轴和纵坐标轴标题，将内容分别修改为"分组名称"和"出现次数/次"，添加数据标签。

步骤 08 将图表字体格式设置为"方正兰亭纤黑简体，10号"，适当调整图表尺寸，效果如图6-25所示（配套资源:\效果\项目六\采购价格.xlsx）。

由图6-25可知，所采购的商品中，价格在251~350的数量最多，其次是151~250的价格组别。这两个组别的数量总和几乎是另外两个组别数量总和的3倍，店铺需要对比销售数据，看看采购的商品是否合理。

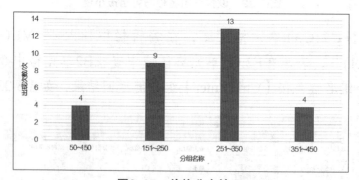

图6-25　价格分布情况

👤 活动二　分析库存量

库存量的多少决定库存成本的高低，同时也影响销售环节。小艾从老李那里获取了相关的库存量数据，接下来她将分析部分商品的库存量数据，将结果告知相关负责人，让其及时调整库存。

1. 活动准备——平均分析法

平均分析法通过分析事物在不同时间段的平均数，反映该事物的平均发展水平，说明该事物在一段时间内所达到的一般水平。平均分析法的指标有位置平均数和数值平均数之分，中位数、众数便是典型的位置平均数，算术平均数则属于数值平均数，这里重点介绍算术平均数。

算术平均数分为简单算术平均数和加权算术平均数两种。

- **简单算术平均数**。简单算术平均数可以直接使用指标各分组数值总和与指标单位个数来计算。
- **加权算术平均数**。加权算术平均数需要先将指标各分组数值总和与指标单位个数计算出来后，再进行平均值的计算。

2. 活动说明

本次活动将对商品 6 月的库存量进行加权平均计算，看看这些商品整月的平均库存量和月末的库存量与标准库存量之间的差距。

- **采集数据**。将商品 6 月有记录的库存数据采集到 Excel 中。
- **处理数据**。增加标准库存量数据列，然后使用加权平均的方法计算各商品的平均库存量。
- **可视化数据**。使用折线图将商品平均库存量、月末库存量和标准库存量展现出来。

3. 活动实施

下面在 Excel 中分析商品的库存情况。具体操作如下。

步骤 01 打开"商品库存量.xlsx"素材文件（配套资源:\素材\项目六\商品库存量.xlsx），在H1单元格中输入"标准库存量/件"，选择H2:H11单元格区域，在编辑栏中输入"350"，按【Ctrl+Enter】组合键统一输入标准库存量数据。

微课视频

分析商品库存量

步骤 02 在I1单元格中输入"平均库存量/件"，选择I2:I11单元格区域，在编辑栏中输入"=(B2*4+C2*7+D2*7+E2*5+F2*6+G2)/30"，按【Ctrl+Enter】组合键计算各商品的平均库存量，如图6-26所示。该公式表示当按日记录，但各时间点间隔不相等时，平均水平需要以间隔时间为权数进行加权平均计算。例如，6月1日与6月5日相隔4天，因此需要用6月1日的库存量数据乘以4，以此类推。

I2 =(B2*4+C2*7+D2*7+E2*5+F2*6+G2)/30

产品编号	6月1日/件	6月5日/件	6月12日/件	6月19日/件	6月24日/件	6月30日/件	标准库存量/件	平均库存量/件
NNKA-01	527	116	477	313	451	153	350	356.1
NNKA-02	390	234	396	544	178	372	350	337.7
NNKA-03	584	245	506	587	517	248	350	462.6
NNKA-04	113	405	151	249	563	551	350	317.3
NNKA-05	249	280	455	327	248	510	350	325.8
NNKA-06	226	127	535	474	497	500	350	379.7
NNKA-07	464	294	226	219	285	267	350	285.6
NNKA-08	387	128	147	408	559	566	350	314.4
NNKA-09	256	299	152	272	322	154	350	254.2
NNKA-10	498	248	410	507	422	332	350	399.9

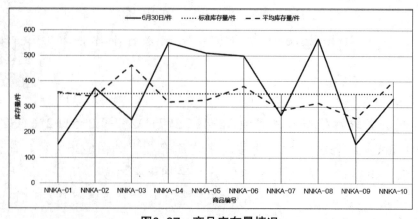

图6-26 计算商品的平均库存量

步骤 03 以A1:A11以及G1:I11单元格区域为数据源创建折线图，为图表应用"样式7"图表样式，将图例位置调整至图表上方。

步骤 04 添加横坐标轴和纵坐标轴标题，将内容分别修改为"商品编号"和"库存量/件"。

步骤 05 适当调整折线的样式以便区分。

步骤 06 将图表字体格式设置为"方正兰亭纤黑简体，10号"，适当调整图表尺寸，效果如图6-27所示（配套资源:\效果\项目六\商品库存量.xlsx）。

由图6-27可知，有5款商品的月末库存量低于标准库存量，其中2款商品严重低于标准库存量。结合这2款商品的平均库存量来看，NNKA-01的平均库存量始终保持在标准库存位置，月末严重下降可能是月末销量陡增所致；而NNKA-09的平均库存量始终低于标准库存量，如果不是销量有明显增长，则需要考虑库存管理环节是否出现问题，需要适当调整。

图6-27 商品库存量情况

活动三　分析物流时效

公司与两个物流公司有合作，为监督物流公司的效率，老李将某一日的物流数据交给了小艾，让小艾分析物流公司针对不同到货地的时效达成率，找出其中达成率较低的到货地，并提醒物流公司加以改善，避免影响店铺的销售业绩。

1. 活动说明

本次活动将分析某日的物流数据，查看物流时效的情况。

- **采集数据**。将当日物流公司及其对应的到货地、订单量、订单按时到达量等数据采集到 Excel 中。
- **处理数据**。在 Power BI 中计算物流时效达成率。
- **可视化数据**。使用柱形图展示物流公司针对不同到货地的物流时效达成率情况。

2. 活动实施

下面在 Power BI 中分析物流时效。具体操作如下。

微课视频

分析物流时效

步骤 01 启动 Power BI，导入"物流时效.xlsx"素材文件中的数据（配套资源:\素材\项目六\物流时效.xlsx），打开"导航器"对话框，选中"Sheet1"复选框，单击 转换数据 按钮。

步骤 02 进入 Power Query 编辑器，在【添加列】/【常规】组中单击"自定义列"按钮，打开"自定义列"对话框，在"新列名"文本框中输入"物流时效达成率"，在"自定义列公式"栏中将计算公式设置为"[#"订单按时到达量/件"]/[#"订单量/件"]"，单击 确定 按钮。

步骤 03 在【主页】/【转换】组中单击 数据类型:任意 下拉按钮，在弹出的下拉列表中选择"百分比"选项，效果如图6-28所示。

快递公司	到货地	订单量/件	订单按时到达量/件	% 物流时效达成率
A公司	广东	11	9	81.82%
B公司	江苏	14	12	85.71%
A公司	北京	18	15	83.33%
B公司	浙江	3	3	100.00%
A公司	四川	4	4	100.00%

图6-28　设置数据类型

步骤 04 在"关闭"组中单击"关闭并应用"按钮 ，在报表视图模式单击左侧的"数据视图"按钮 进入数据视图模式，将新建列的数据格式均设置为"百分比"，如图6-29所示。

图6-29 调整数据格式

步骤 05 单击左侧的"报表视图"按钮 返回报表视图模式，在"可视化"任务窗格中单击"簇状柱形图"按钮 ，将"到货地"字段拖曳至"X轴"列表框，将"物流时效达成率"字段拖曳至"Y轴"列表框。

步骤 06 隐藏图表标题，将Y轴标题修改为"物流时效达成率"，显示数据标签，适当调整图表尺寸，效果如图6-30所示（配套资源:\效果\项目六\物流时效.pbix）。

由图6-30可知，安徽的物流时效达成率最低，只有50%，其次是福建、河北两地的物流时效达成率，分别在60%和70%左右，这3个到货地的物流时效待提高。广东、山东、江西、北京、甘肃、江苏等地的物流时效达成率也未达到90%，同样需要改善。

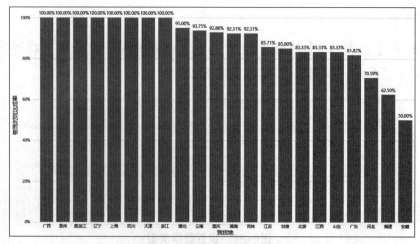

图6-30 创建并设置柱形图

同步实训

👤 实训一 环比分析周销售数据

📋 实训描述

小宇想要了解上半年店铺每周的环比销售数据，重点分析的指标是销量和销售额。请同学们利用数据透视表和数据透视图帮助小宇达到这个目的。

🔧 操作指南

同学们可以以每周为单位，采集各周的销量和销售额数据，然后结合 Excel 的数据透视表和透视图进行环比分析。具体操作如下。

微课视频

环比分析
周销售数据

步骤 01 打开"销售数据.xlsx"素材文件（配套资源:\素材\项目六\同步实训\销售数据.xlsx），以表格数据为数据源在新工作表中创建数据透视表。将"周数"字段添加到"行"列表框，将"销量/件"字段添加到"值"列表框。

步骤 02 在B5单元格上单击鼠标右键，在弹出的快捷菜单中选择【值显示方式】/【差异】命令，打开"值显示方式"对话框，在"基本项"下拉列表中选择"（上一个）"选项，单击 确定 按钮。

步骤 03 再次将"销量/件"字段添加到"值"列表框，在C5单元格上单击鼠标右键，在弹出的快捷菜单中选择【值显示方式】/【差异百分比】命令，打开"值显示方式"对话框，在"基本项"下拉列表中选择"（上一个）"选项，单击 确定 按钮。

步骤 04 将"销售额/元"字段添加到"值"列表框，在D5单元格上单击鼠标右键，在弹出的快捷菜单中选择【值显示方式】/【差异】命令，打开"值显示方式"对话框，在"基本项"下拉列表中选择"（上一个）"选项，单击 确定 按钮。

步骤 05 再次将"销售额/元"字段添加到"值"列表框，在E5单元格上单击鼠标右键，在弹出的快捷菜单中选择【值显示方式】/【差异百分比】命令，打开"值显示方式"对话框，在"基本项"下拉列表中选择"（上一个）"选项，单击 确定 按钮，效果如图6-31所示。由图6-31可知，各周的销量和销售额环比变动较大，需要借助图表进一步分析环比变化情况。

	A 行标签	B 求和项:销量/件	C 求和项:销量/件2	D 求和项:销售额/元	E 求和项:销售额/元2	F	G
3							
4	第1周						
5	第2周	-43	-14.53%	17802	23.77%		
6	第3周	121	47.83%	1897	2.05%		
7	第4周	-166	-44.39%	-43780	-46.28%		
8	第5周	176	84.62%	46257	91.04%		
9	第6周	-172	-44.79%	-49700	-51.20%		
10	第7周	-4	-1.89%	5814	12.27%		
11	第8周	108	51.92%	33914	63.77%		

图6-31 分析环比增长额和增长率

步骤 06 在"数据透视表字段"任务窗格的"值"列表框中删除销量和销售额环比增长额对应的字段。

步骤 07 在数据透视表基础上创建数据透视图，类型为组合图，将两个数据系列的类型均设置为"折线图"，将销售额数据系列设置为次坐标轴。

步骤 08 删除图表标题，将图例调整到图表上方，适当调整图表尺寸。

步骤 09 添加横坐标轴、主要纵坐标轴和次要纵坐标轴标题，将内容分别修改为"周数""销量环比增长率""销售额环比增长率"。

步骤 10 将图表字体格式设置为"方正兰亭纤黑简体，10号"，设置后的效果如图6-32所示（配套资源:\效果\项目六\同步实训\销售数据.xlsx）。

由图6-32可知，店铺在该年中前26周的销量环比增长率和销售额环比增长率起伏变化明显，说明销售数据的波动较大。但得力于对单价等因素的控制，使得销量在变化的时候，销售额的变化相对平稳。

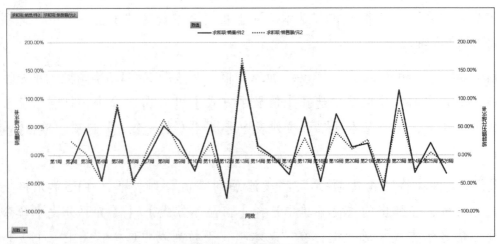

图6-32 环比增长率情况

💬 **实训评价**

同学们完成实训操作后，提交 Excel 效果文件，老师根据文件中的内容按表 6-1 所示内容进行打分。

表 6-1 实训评价

序号	评分内容	总分	老师打分	老师点评
1	能否计算销量的环比增长额和增长率	15		
2	能否计算销售额的环比增长额和增长率	15		
3	能否创建销量和销售额的折线数据透视图	30		
4	能否正确分析店铺的环比销售情况	40		

合计：_____

👤 实训二 预测商品库存量

📋 **实训描述**

小宇为了更加精准地控制商品库存量，减少不必要的库存成本，需要对热销商品的库存量进行预测。请同学们利用移动平均预测法帮小宇预测商品库存量。

🔧 **操作指南**

同学们可以借助 Excel 的移动平均分析工具，按 3 项移动平均法预测商品库存量。具体操作如下。

微课视频
预测商品库存量

步骤 01 打开"库存数据.xlsx"素材文件（配套资源:\素材\项目六\同步实训\库存数据.xlsx），单击 数据分析 按钮。

步骤 02 打开"数据分析"对话框，在"分析工具"列表框中选择"移动平均"选项，单击 确定 按钮。

步骤 03 打开"移动平均"对话框，在"输入区域"文本框中引用B1:B13单元格区域的地址，选中"标志位于第一行"复选框，在"间隔"文本框中输入"3"，在"输出区域"文本框中引用E1单元格的地址，选中"图表输出"和"标准误差"复选框，单击 确定 按钮。

步骤 04 完成移动平均计算并创建折线图，分别修改横坐标轴和纵坐标轴的标题为"月份"和"库存量/件"，为预测值对应的数据系列添加数据标签，如图6-33所示（配套资源:\效果\项目六\同步实训\库存数据.xlsx）。由图6-33可知，该商品12月库存量的预测值为379，对应前面各月的预测值来看，商品库存量预计会有所下降。

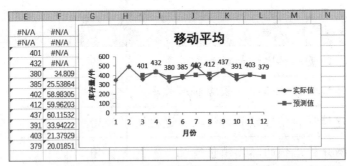

图6-33　预测的结果和图表

实训评价

同学们完成实训操作后，提交 Excel 效果文件，老师根据文件中的内容按表 6-2 所示内容进行打分。

表 6-2　实训评价

序号	评分内容	总分	老师打分	老师点评
1	能否正确完成移动平均计算	50		
2	能否正确分析商品库存量预测值的准确性	50		

合计：_____

项目总结

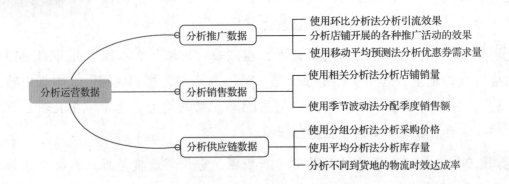

项目七

监控数据与编制数据报表

职场情境

公司的销售活动进入关键阶段，为保证活动的顺利开展与完成，老李安排小艾实时监控核心指标，并及时对出现的异常数据进行排查，确保销售活动的正常进行。

另外，按老李要求，在销售活动正式结束后，小艾还需要编制数据报表，全面总结此次活动的结果，并分析活动中出现的各种问题，为店铺正常运营以及以后的活动提供有价值的数据信息。

学习目标

知识目标

1．了解监控的核心指标和方法。

2．熟悉导致数据异常的基本原因。

3．掌握数据报表的基本编制与美化操作。

技能目标

1．能够根据运营要求监控目标数据并分析数据异常的原因。

2．能够编制日常数据报表和专项数据报表。

素养目标

1．提高安全意识、质量意识，培养工匠精神。

2．培养严谨的工作态度和社会责任感。

任务一 监控数据

任务描述

监控电子商务数据可以有效保证电子商务业务的正常运营。为更好地完成数据监控的任务，小艾需要确定监控的核心指标、选择合适的监控方法，并学会分析数据异常的原因。

任务实施

活动一 确定监控的核心指标

监控指标，应当根据电子商务运营的重点以及企业的发展规模来综合确定。比如，运营初期，数据分析工作处于积累数据，并协助企业找准运营方向的阶段，此时需要重点关注流量指标，包括访客数、访客来源、浏览量、平均停留时长、跳失率、成交转化率等。成长期时，企业需要通过数据分析来提高销售业绩，此时需要重点关注流量和成交指标，包括访客数、浏览量、转化率、客单价、动销率、销量、销售额等。当企业发展到一定规模后，企业可以利用数据分析提高整体运营水平，此时就应当重点监控流量、销售、转化、客户、供应链、营销推广活动等各个维度的指标。

老李列出了不同维度的各种指标（见图 7-1），考虑到公司正处于成长和发展阶段，于是让小艾从这些指标中找出针对本次销售活动应该重点监控的指标。

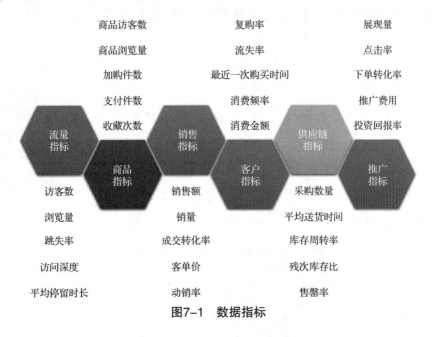

图7-1　数据指标

小艾认为公司目前不仅应重视引流效果，还需要重视销售效果，结合正在开展的销售活动，于是选择了图 7-2 所示的需要重点监控的指标。老李认为小艾所选的指标都是基本且重要的，符合本次销售活动的需求。

访客数、浏览量、跳失率、销售额、销量、成交转化率、客单价

图7-2　小艾选择的监控指标

👤 活动二　选择合适的监控方法

数据监控的方法主要分为人工监控和工具自动监控两种。

- **人工监控**。人工监控即根据店铺的历史数据、所处行业的行业数据、竞争对手数据等，设定各类关键指标的正常数据波动范围，然后定期采集监控指标的相关数据，与设定的数据范围进行对比，找出数据异常的指标。

- **工具自动监控**。工具自动监控即根据所在平台的店铺后台管理工具，或电子商务平台开发的数据分析工具（如生意参谋、京东商智等），或借助第三方数据监控工具，为指标设定正常变动的范围，然后设定超出该范围的触发条件，最后设定预警频次和预警方式，如24小时预警，使用短信、微信通知相关负责人等。

接下来小艾将尝试在Excel中使用人工监控的方法对浏览量数据进行监控和预警。具体操作如下。

微课视频

数据监控和预警

步骤 01 打开"数据监控.xlsx"素材文件（配套资源:\素材\项目七\数据监控.xlsx），选择C3:C16单元格区域，在编辑栏中输入"=IF(B3<B2,"下降","上升")"，表示如果B3小于B2，返回"下降"，否则返回"上升"，按【Ctrl+Enter】组合键返回结果，如图7-3所示。

日期	浏览量/次	较前一日		预警
2023-12-1	1,757	-	-	
2023-12-2	1,576	下降		
2023-12-3	1,272	下降		
2023-12-4	2,176	上升		
2023-12-5	1,047	下降		
2023-12-6	2,509	上升		
2023-12-7	2,951	上升		
2023-12-8	2,888	下降		
2023-12-9	1,219	下降		
2023-12-10	1,333	上升		
2023-12-11	2,738	上升		
2023-12-12	2,786	上升		

图7-3 判断指标上升或下降

步骤 02 选择D3:D16单元格区域，在编辑栏中输入"=IF(B3<B2,1-B3/B2,B3/B2-1)"，表示如果B3小于B2，则按照"1-B3/B2"计算下降幅度，否则按照"B3/B2-1"计算上升幅度，按【Ctrl+Enter】组合键返回结果，如图7-4所示。

日期	浏览量/次	较前一日		预警
2023-12-1	1,757	-	-	-
2023-12-2	1,576	下降	10.3%	
2023-12-3	1,272	下降	19.3%	
2023-12-4	2,176	上升	71.1%	
2023-12-5	1,047	下降	51.9%	
2023-12-6	2,509	上升	139.6%	
2023-12-7	2,951	上升	17.6%	
2023-12-8	2,888	下降	2.1%	
2023-12-9	1,219	下降	57.8%	
2023-12-10	1,333	上升	9.4%	
2023-12-11	2,738	上升	105.4%	

图7-4 计算上升或下降的幅度

步骤 03 选择E3:E16单元格区域，在编辑栏中输入"=IF(AND(C3="下降",D3>=25%),"下滑严重","")"，表示如果C3为"下降"，同时D3的数值大于等于25%，则返回预警信息"下滑严重"，否则返回空值，按【Ctrl+Enter】组合键返回结果，如图7-5所示（配套资源:\效果\项目七\数据监控.xlsx）。

	E3	▼	× ✓ fx	=IF(AND(C3="下降",D3>=25%),"下滑严重","")				
▲	A	B	C	D	E	F	G	H
1	日期	浏览量/次	较前一日		预警			
2	2023-12-1	1,757	–	–	–			
3	2023-12-2	1,576	下降	10.3%				
4	2023-12-3	1,272	下降	19.3%				
5	2023-12-4	2,176	上升	71.1%				
6	2023-12-5	1,047	下降	51.9%	下滑严重			
7	2023-12-6	2,509	上升	139.6%				
8	2023-12-7	2,951	上升	17.6%				
9	2023-12-8	2,888	下降	2.1%				
10	2023-12-9	1,219	下降	57.8%	下滑严重			
11	2023-12-10	1,333	上升	9.4%				
12	2023-12-11	2,738	上升	105.4%				
13	2023-12-12	2,786	上升	1.8%				
14	2023-12-13	1,027	下降	63.1%	下滑严重			
15	2023-12-14	1,786	上升	73.9%				
16	2023-12-15	2,320	上升	29.9%				
17								

图7-5 设置超出设定范围后预警

动手做

嵌套IF函数

上述活动中未考虑两日的浏览量数据相等的情况，如果考虑这个情况应该如何进行设置和计算呢？请同学们试试综合考虑浏览量"下降""不变""上升"这3种情况，判断指标的状态、变化幅度，然后设置预警内容。

提示：指标状态的嵌套IF函数为：=IF(B3<B2,"下降",IF(B3>B2,"上升","不变"))

活动三 分析数据异常的原因

找到异常数据后，如果不能得出导致异常的原因，那么数据监控也就没有意义。通常来说，分析数据异常的原因应从两个方向考虑：一是正常原因导致数据异常，如淡旺季过渡期，活动结束后的时期等；二是运营、市场竞争原因导致数据异常，这类异常就需要引起重视。分析数据异常的原因，主要方法就是以异常数据为切入点，找到影响该数据的所有因素，然后逐一进行分析排除。

老李为考验小艾，便假设了一些出现异常的指标，让小艾尝试对这些指标的异常原因进行分析。小艾也没让老李失望，她将分析出来的原因汇总到表 7-1 中，老李查看后表示了认同。

表 7-1　异常指标原因分析

异常指标	原因分析
访客数	① 行业进入淡季 ② 商品主图无法吸引客户点击 ③ 商品价格让客户望而却步 ④ 竞争对手开展促销活动，抢占了客户资源
浏览量	① 商品关键词与商品属性不吻合，客户无法搜索到商品 ② 商品卖点不够突出 ③ 店铺设计有问题，如装修不够美观、类目划分不够清晰等
跳失率	① 商品详情页粗糙，吸引力不足 ② 商品详情页加载速度过慢，影响购物体验 ③ 客服响应速度不够及时，或态度不够热情
退款金额	① 商品存在质量问题 ② 售后服务存在不足 ③ 竞争对手恶意购买后退款

任务二　编制数据报表

任务描述

对电子商务运营而言，数据报表相当于数据分析工作的统计与总结，本次任务小艾将学习日常数据报表和专项数据报表的编制方法，提升自己在电子商务数据分析领域内的知识技能。

任务实施

活动一　日常数据报表的编制

日常数据报表的编制需要紧密围绕电子商务日常数据汇报需求来展开，明确需要达成的分析目标，如店铺运营分析、销售分析、客户分析、竞品分析等，并据此形成日报表、周报表、月报表等。

- **日报表**。日报表是反映电子商务企业每日各类数据指标情况的一种报表，报表可以体现各个维度的关键指标，如流量、销售、转化等。编制者也可以结合汇报需求，就某个维度单独编制，如广告投入日报表、营销活动日报表等。
- **周报表**。周报表相对于日报表，需要体现一周的统计数据，并与上周数据进行比较，计算同比和环比增长率，然后分析其中的异常数据，并将分析结果简单呈现在报表中。
- **月报表**。月报表需要展现月度运营的重要信息，包括销售、流量、转化、推广等信息。月报表一般需要提交给管理层，因此月报表往往体现的是更为关注结果的指标，如访客数、销售额、转化率、毛利率等。

> **知识窗**
>
> 月报表同样可以体现同比、环比增长率等数据，并可以针对不同的数据指标进行逐一分析，让管理层不仅能看到指标的月度数据结果，也能看到指标的增减变化，还能看到出现这种变化的原因。

老李将"双十一"所在周及其后一周的指标数据交给小艾，让小艾编制周报表，统计环比增长率，并给出分析结果。小艾按照要求编制出表7-2所示的内容。

表7-2 "双十一"所在周及其后一周的周报表

时间	访客数 / 位	浏览量 / 次	销量 / 件	销售额 / 元	支付转化率
"双十一"所在周	1 456 792	2 047 659	269 104	4 160 527	19.7%
"双十一"后一周	496 012	694 671	83 064	1 904 762	11.6%
环比增长率	-65.95%	-66.07%	-69.13%	-54.22%	-41.12%

分析总结

"双十一"活动后一周与活动所在周相比，各项指标数据均大幅下降，下降最多的是销量，降幅达69.13%，降幅最小的是支付转化率，但也达到了41.12%。具体销售水平需要进一步与非活动周的数据以及去年同期历史数据相比较才能做出说明。

活动二　专项数据报表的编制

专项数据报表针对的是运营过程中的某一方面，如行业、竞争对手、客户、商品、销售、推广、供应链等。这类报表需要尽可能体现核心指标，这样才能展现运营效果。例如，商品数据报表中，可能涉及的指标有商品所在行业的访客数、搜索量、访问量，以及店铺商品的访客数、销量、销售额、退货率、客单价、毛利率等。

老李要求小艾在 Excel 中编制商品数据报表，并让她利用 Excel 的条件格式功能对报表数据进行适当美化设置。具体操作如下。

微课视频

美化报表

步骤 01 打开"商品报表.xlsx"素材文件（配套资源:\素材\项目七\商品报表.xlsx），小艾将相关数据录入表格中，效果如图7-6所示。由图7-6可知，店铺经营的男装套装不同类目商品在7月至10月的行业数据与店铺数据中，休闲运动套装和时尚套装每月的销量在220～360件，工装套装的销量在100件左右，其他套装的销量则只有30件上下。所有商品客单价在200～400元，毛利率则在40%～70%。

类目	月份	行业数据			店铺数据					
		访客数/位	搜索量/次	交易额/元	访客数/位	销量/件	销售额/元	退货率	客单价/元	毛利率
休闲运动套装	7月	3,259,732	5,375,325	6,843,520	31,162	360	62,188	2%	339	69%
	8月	3,640,033	5,019,024	5,638,775	38,712	264	47,992	5%	267	66%
	9月	1,645,233	5,883,616	4,202,833	20,054	275	44,841	1%	350	40%
	10月	2,778,071	6,635,433	5,179,748	33,916	316	53,059	6%	311	48%
时尚套装	7月	2,416,020	7,745,969	4,166,986	18,359	225	68,725	3%	385	64%
	8月	3,853,962	7,627,572	5,530,531	11,268	318	59,527	1%	371	62%
	9月	1,804,961	7,683,799	6,633,508	23,155	344	49,187	1%	275	66%
	10月	1,702,775	5,348,586	5,802,911	22,079	329	42,183	4%	205	40%
工装套装	7月	788,281	1,710,420	1,936,876	6,047	100	21,301	2%	400	46%
	8月	911,183	2,160,080	1,764,058	5,384	98	16,564	5%	254	63%
	9月	460,240	2,373,475	1,755,464	6,960	83	14,317	3%	259	63%
	10月	768,171	2,322,019	1,618,196	8,040	109	14,690	6%	202	48%
其他套装	7月	273,534	829,475	667,571	1,529	31	5,048	7%	217	44%
	8月	372,457	502,090	525,546	1,540	23	4,747	6%	348	59%
	9月	190,435	633,214	616,166	1,191	38	6,615	4%	355	51%
	10月	326,403	812,403	467,436	3,833	30	4,753	3%	375	58%

图7-6　编制的商品数据报表

步骤 02 为更好地体现商品毛利率的高低，可以为毛利率对应的数据添加数据条。选择K3:K18单元格，在【开始】/【样式】组中单击"条件格式"下拉按钮 ，在弹出的下拉列表中选择"数据条"选项，在弹出的子列表中选择"实心填充"栏下的"绿色数据条"选项，效果如图7-7所示。由图7-7可知，不同类目商品的毛利率有高有低，但其他套装类目商品的毛利率相对稳定。

类目	月份	行业数据			店铺数据					
		访客数/位	搜索量/次	交易额/元	访客数/位	销量/件	销售额/元	退货率	客单价/元	毛利率
休闲运动套装	7月	3,259,732	5,375,325	6,843,520	31,162	360	62,188	2%	339	69%
	8月	3,640,033	5,019,024	5,638,775	38,712	264	47,992	5%	267	66%
	9月	1,645,233	5,883,616	4,202,833	20,054	275	44,841	1%	350	40%
	10月	2,778,071	6,635,433	5,179,748	33,916	316	53,059	6%	311	48%
时尚套装	7月	2,416,020	7,745,969	4,166,986	18,359	225	68,725	3%	385	64%
	8月	3,853,962	7,627,572	5,530,531	11,268	318	59,527	1%	371	62%
	9月	1,804,961	7,683,799	6,633,508	23,155	344	49,187	1%	275	66%
	10月	1,702,775	5,348,586	5,802,911	22,079	329	42,183	4%	205	40%
工装套装	7月	788,281	1,710,420	1,936,876	6,047	100	21,301	2%	400	46%
	8月	911,183	2,160,080	1,764,058	5,384	98	16,564	5%	254	63%
	9月	460,240	2,373,475	1,755,464	6,960	83	14,317	3%	259	63%
	10月	768,171	2,322,019	1,618,196	8,040	109	14,690	6%	202	48%
其他套装	7月	273,534	829,475	667,571	1,529	31	5,048	7%	217	44%
	8月	372,457	502,090	525,546	1,540	23	4,747	6%	348	59%
	9月	190,435	633,214	616,166	1,191	38	6,615	4%	355	51%
	10月	326,403	812,403	467,436	3,833	30	4,753	3%	375	58%

图7-7　添加数据条

步骤 03 选择退货率对应的数据区域，单击"条件格式"下拉按钮，在弹出的下拉列表中选择"突出显示单元格规则"选项，在弹出的子列表中选择"大于"选项，打开"大于"对话框，在左侧的文本框中输入"5%"，默认右侧的样式选项，单击 确定 按钮，如图7-8所示。

图7-8　设置条件和格式

步骤 04 此时退货率高于5%的数据便将按照默认的样式突出显示，效果如图7-9所示（配套资源\效果\项目七\商品报表.xlsx）。由图7-9可知，其他套装的退货率较高，时尚套装的退货率最低。

类目	月份	行业数据			店铺数据					
		访客数/位	搜索量/次	交易额/元	访客数/位	销量/件	销售额/元	退货率	客单价/元	毛利率
休闲运动套装	7月	3,259,732	5,375,325	6,843,520	31,162	360	62,188	2%	339	69%
	8月	3,640,033	5,019,024	5,638,775	38,712	264	47,992	5%	267	66%
	9月	1,645,233	5,883,616	4,202,833	20,054	275	44,841	1%	350	40%
	10月	2,778,071	6,635,433	5,179,748	33,916	316	53,059	6%	311	48%
时尚套装	7月	2,416,020	7,745,969	4,166,986	18,359	225	68,725	3%	385	64%
	8月	3,853,962	7,627,572	5,530,531	11,268	318	59,527	1%	371	62%
	9月	1,804,961	7,683,799	6,633,508	23,155	344	49,187	1%	275	66%
	10月	1,702,775	5,348,586	5,802,911	22,079	329	42,183	4%	205	40%
工装套装	7月	788,281	1,710,420	1,936,876	6,047	100	21,301	2%	400	46%
	8月	911,183	2,160,080	1,764,058	5,384	98	16,564	5%	254	63%
	9月	460,240	2,373,475	1,755,464	6,960	83	14,317	3%	259	63%
	10月	768,171	2,322,019	1,618,196	8,040	109	14,690	6%	202	48%
其他套装	7月	273,534	829,475	667,571	1,529	31	5,048	7%	217	44%
	8月	372,457	502,090	525,546	1,540	23	4,747	6%	348	59%
	9月	190,435	633,214	616,166	1,191	38	6,615	4%	355	51%

图7-9　突出显示符合条件的退货率

同步实训

👤 实训一　监控销量数据

📋 实训描述

小宇需要监控 12 月每日的销量数据，当销量下滑幅度达到 40% 时便显示"销量下跌"预警信息。请同学们按照所学的方法帮助小宇完成对销量数据的监控操作。

✖ 操作指南

本次实训将主要借助 IF 函数来实现监控。具体操作如下。

微课视频

监控销量数据

步骤 01 打开"销量数据.xlsx"素材文件（配套资源:\素材\项目七\同步实训\销量数据.xlsx），选择C3:C32单元格区域，在编辑栏中输入 "=IF(B3<B2,"下降",IF(B3>B2,"上升","不变"))"，按【Ctrl+Enter】组合键返回结果。

步骤 02 选择D3:D32单元格区域，在编辑栏中输入 "=IF(B3<B2,1-B3/B2,IF(B3>B2,B3/B2-1,0))"，按【Ctrl+Enter】组合键返回结果。

步骤 03 选择E3:E32单元格区域，在编辑栏中输入 "=IF(AND(C3="下降",D3>=40%),"销量下跌","")"，按【Ctrl+Enter】组合键返回结果，如图7-10所示。由图7-10可知，店铺销量出现严重下滑的时候较少，说明该月销量较为稳定。

E3		× ✓ fx	=IF(AND(C3="下降",D3>=40%),"销量下跌","")				
	A	B	C	D	E	F	G	H
1	日期	销量/件	较前一日		预警			
2	2023-12-1	48	−	−	−			
3	2023-12-2	39	下降	18.8%				
4	2023-12-3	44	上升	12.8%				
5	2023-12-4	48	上升	9.1%				
6	2023-12-5	21	下降	56.3%	销量下跌			
7	2023-12-6	29	上升	38.1%				
8	2023-12-7	38	上升	31.0%				

图7-10　监控的数据效果

💬 实训评价

同学们完成实训操作后，将 Excel 效果文件提交给老师，老师根据内容按表 7-3 所示内容进行打分。

表7-3 实训评价

序号	评分内容	总分	老师打分	老师点评
1	能否正确判读销量状态	30		
2	能否正确计算销量变化幅度	30		
3	能否正确完成数据预警设置	40		

合计：_____

👤 实训二　编制日报表

📋 实训描述

　　为更好地了解每日的运营效果，小宇决定编制日报表，从流量、销售、物流等方面综合分析运营效果。请同学们帮小宇完成日报表的编制工作，并使用Excel的条件格式功能对跳失率、支付转化率、复购率和物流时效达成率进行美化和突出显示。

🔧 操作指南

　　本次实训将在 Excel 中录入日报表的各项数据，然后使用条件格式美化表格。具体操作如下。

微课视频

编制日报表

步骤 01 打开"日报表.xlsx"素材文件（配套资源:\素材\项目七\同步实训\日报表.xlsx），小艾已经将相关数据录入表格中，如图7-11所示。

	A	B	C	D	E	F	G	H	I	J	K
1	日期	访客数/位	浏览量/次	跳失率	支付转化率	客单价/元	销量/件	销售额/元	复购率	物流时效达成率	
2	2023-12-1	1,822	2,829	57.0%	11.8%	207	14	4747	55.0%	90.0%	
3	2023-12-2	1,025	2,762	54.0%	13.0%	307	20	4099	45.0%	99.0%	
4	2023-12-3	1,264	2,747	27.0%	14.0%	221	15	4936	50.0%	100.0%	
5	2023-12-4	1,562	2,060	51.0%	11.9%	280	19	4441	44.0%	90.0%	
6	2023-12-5	1,371	2,217	58.0%	10.3%	382	20	4170	13.0%	100.0%	
7	2023-12-6	1,724	2,160	51.0%	14.9%	305	10	5358	42.0%	100.0%	
8	2023-12-7	1,854	2,484	53.0%	12.2%	335	14	4099	43.0%	91.0%	
9	2023-12-8	1,594	2,444	49.0%	14.1%	286	11	5970	42.0%	94.0%	
10	2023-12-9	1,673	2,447	60.0%	13.8%	339	10	5540	25.0%	91.0%	
11	2023-12-10	1,047	2,601	55.0%	13.9%	337	17	4583	54.0%	100.0%	
12	2023-12-11	1,098	2,453	47.0%	11.9%	234	19	4363	59.0%	96.0%	

图7-11 将相关数据录入表格

步骤 02 单击"条件格式"下拉按钮，将跳失率大于55%的单元格填充为黄色，文本显示为深黄色。

步骤 03 将支付转化率小于12%的单元格填充为浅红色，文本显示为深红色。

步骤 04 为复购率数据应用实心深蓝色数据条，为物流时效达成率数据应用实心橙色数据条，效果如图7-12所示（配套资源\效果\项目七\同步实训\日报表.xlsx）。

日期	访客数/位	浏览量/次	跳失率	支付转化率	客单价/元	销量/件	销售额/元	复购率	物流时效达成率
2023-12-1	1,822	2,829	57.0%	11.8%	207	14	4747	55.0%	90.0%
2023-12-2	1,025	2,762	54.0%	13.0%	307	20	4099	45.0%	99.0%
2023-12-3	1,264	2,747	27.0%	14.0%	221	15	4936	50.0%	100.0%
2023-12-4	1,562	2,060	51.0%	11.9%	280	19	4441	44.0%	90.0%
2023-12-5	1,371	2,217	58.0%	10.3%	382	20	4170	13.0%	100.0%
2023-12-6	1,724	2,160	51.0%	14.9%	305	10	5358	42.0%	100.0%
2023-12-7	1,854	2,484	53.0%	12.2%	335	14	4099	43.0%	91.0%
2023-12-8	1,594	2,444	49.0%	14.1%	286	11	5970	65.0%	94.0%
2023-12-9	1,673	2,447	60.0%	13.8%	339	10	5540	25.0%	91.0%
2023-12-10	1,047	2,601	55.0%	13.9%	337	17	4583	58.0%	100.0%
2023-12-11	1,098	2,453	47.0%	11.9%	234	19	4363	59.0%	96.0%
2023-12-12	1,875	2,111	39.0%	11.5%	236	17	5564	25.0%	94.0%
2023-12-13	1,355	2,790	57.0%	11.8%	359	11	5801	24.0%	96.0%

图7-12　编制的日报表

实训评价

同学们完成实训操作后，将 Excel 效果文件提交给老师，老师根据内容按表 7-4 所示内容进行打分。

表 7-4　实训评价

序号	评分内容	总分	老师打分	老师点评
1	能否正确编制日报表	60		
2	能否正确按要求美化表格数据	40		

合计：_____

项目总结

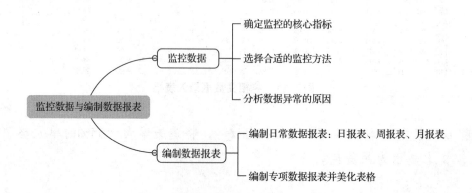